奔跑

跑出人生風景

飛小魚（蘇怡任）・郭豐州 著

上：陳志岡提供 左下：陳世偵(攝影/飛小魚) 右下：陳慶順(攝影/涂宏榮)

左上：鍾明燉提供 右上：黃政達(攝影/涂宏榮)
左下：陳宇宏(攝影/飛小魚) 右下：賁俊蓮(攝影/飛小魚)

上：劉蓮菊(攝影/黃政達) 下：黃政德與羅苔華提供

上：戎撫天提供 下：涂宏榮與廖姿婷提供

左上：邱淑容(攝影/飛小魚) 右上：柯羅斯(郭豐州提供)
左下：關家良一(攝影/飛小魚) 右下：工藤真實(攝影/飛小魚)

上：方麗雯(攝影/飛小魚) 下：飛小魚(攝影/連央毅)

上：許見微(攝影/David Sun) 下：盧明珠(台東超鐵提供)

〈推薦序〉

永遠不會被淘汰的跑步

【名作家】小野

朋友們都鼓勵我玩「臉書」，說臉書很好玩，也可以很快找到許多志同道合的朋友。我說我相信，但是十年前我有個叫做「小野家族」的「個人新聞台」，是第一代的部落格，經過了那麼漫長的時光，現在還有人會上來看看，這樣就夠了。我只想持續這個部落格就好。朋友們也鼓勵我打高爾夫球，說現在大家都在打，如果我不學習的話，連朋友都沒辦法持續交往下去，我說我知道，但是我還是比較習慣游泳。我也只想持續這個運動就好。

最近在一個網路廣播節目中遇到了飛小魚，她說她現在是跑馬拉松的選手，我望著她「瘦弱」、「脆弱」的身影，不太能想像她跑步的模樣。她也就是我十年前在「個人新聞台」的「小野家族」上認識的網友之一。印象中她的文筆相當好，是個很能寫的好手，還得過網路書寫比賽的獎，她根本不像是運動員。不過我當年認識的網友們都是些臥虎藏龍的怪咖，做出一些怪事也是極有可能的事情。所謂物以類聚，其實我也曾經迷戀過長跑，直到現在，看到別人在跑道上跑步，腳都還會癢。

我永遠不會忘記十八歲讀高中時的那場三千公尺比賽，在台北市立體育場的跑道上，我演出的逆轉勝。槍聲響起後，七十幾個選手同時衝出去！在場外啦啦隊的鼓聲叫聲歌聲中，代表各班的選手們只管向前衝，忘了這是一場長跑，在大太陽底下四百公尺的跑道要跑七圈半。隊伍拉開了，有人遙遙領先，我用自己平日練習的節奏慢慢跑，很快地變成最後一名。我彷彿聽到同學們在竊竊私語不該讓我報名的，我根本只是個文弱書生。當我經過自己班上前面時，有人大喊說：「媽的，至少贏一兩個人吧？拜託！」

跑在最前面的選手已經超前我兩百公尺了，我還是用自己的速度跑在最後。跑到第三圈時終於有人吃不消了，紛紛退出跑道，大家的速度明顯都放慢了，我知道該是我發揮的時候了……我開始加快速度……我很容易地超過前面的人，我每超過一個人就對他揮揮手，對方只能痛苦地望著我。場外的啦啦隊瘋狂地打著鼓，同學們狂喊著我的名字……連其他班的同學也跟著喊。我跑得很輕鬆，因為剛才我尚未發出所有的能量。我經過同學前面時開始揮手，邊跑邊笑，接受同學們拍照。大部分的人都被我超前了，我的前方只剩下三個校隊級的選手……我閉上眼睛，忍受著快要抽筋的危險，拚了！我咬緊牙關閉著眼睛跑啊跑的，忽然聽到四周的叫聲要我別再跑了。我睜開眼睛，發現怎麼前面全是選手？原來，我足足比他們多跑了一圈！最後我衝線了，我倒在最後的終點線上，兩個同學衝上來將我抬出去。他們說，你盡力了，太精彩了。

最近有個機會和林義傑訪談，電視製作人在我們之間佈置了一雙林義傑的跑鞋，看起來髒髒破破的，是剛剛跑過絲路的最後一雙鞋子。

他說：「這一百五十天跑壞了好幾雙跑鞋，都送給別人當紀念品了，只剩下這一雙。」我被那雙跑過絲路的跑鞋深深吸引著，我並沒有想擁有這雙鞋子的欲望，我只是忽然想到那雙被我放在櫃子裡的跑鞋，已經好久沒穿了，那雙髒鞋子像是在對我召喚著。就像讀著飛小魚寫的這本書一樣，裡面的每個跑馬拉松的人，都伸出手說，不必多想了，穿上跑鞋，跑。

是的，不管這個世界變化再多再快，只有跑步永遠不會落伍，永遠不會被淘汰。讓我們持續地跑吧，只有持續地跑，才會感覺到自己的存在。

小野

二〇一二年二月

〈推薦序〉

堅定執著的「阿甘精神」

【行政院體育委員會主任委員】戴遐齡

當專心投注某項工作時，我們都希望身旁有位富經驗、具耐心的教練，可以循序漸進、帶你入門，引領你邁向標竿。

這是本關於跑步的教練書，同樣可以引領你入門，向標竿邁進，但更重要的是描述了一種態度、一種風格、一種習慣，綜覽全書，會鼓舞你鍛鍊毅力、訓練耐心、培養專注力以及崇尚簡單生活。

在蘇怡任、郭豐州兩位作者筆下，可以看見許多未曾規律運動的人，如何用盡各樣藉口來逃避跑步及養成運動習慣，但故事的結局總是令人驚喜！因為從這些人身上看到，其實人生的改變，有時候只需要小小的觸媒，就會有劇烈的化學變化。

身為體委會主委，我衷心期盼國人朋友們都可藉由養成規律運動習慣，進而擁有健康的體魄。然而，苦口婆心多年，雖然規律運動人口已經突破五百七十萬人，但還是不夠滿意，我很希望能找到適合每個人的觸媒。本書的付梓，剛好就成為點燃火把的火種，讓眾人在平凡中看見精彩，享受規律運動帶來的美好生活。

田徑選手出身如我，過去總是在競技強度高張的比賽中突圍，但現在的我則鍾情「慢跑」，享受沒壓力的自我競賽，留存下來的是挑戰自我意志力、耐力以及堅持到底的毅力。這種揮汗淋漓以及達成目標的快感，相信讀者在閱讀完此書後也都會想躍躍欲試。

本書也是跑步的勵志小品，從中可看到許多條件、身體狀況均不若一般人平均水準的主角，在點燃熱情及嚴厲的紀律規範下，締造了屬於自己的佳績。或許這種堅定執著的「阿甘精神」，在追求速度與效率的現代社會裡顯得老土；但在我心深處，仍舊嚮往這種質樸的美好，亦或是說，我始終相信運動家精神那種堅持到底、自我挑戰的美麗信仰。

本書中的許多主角都是百馬資深玩家，他們不分性別、工作、年齡、身體條件，更無論身處人生順境或逆境，都締造了屬於自我的紀錄。他們把跑步當作終生志業，或是一種深信不疑的信仰，我十分欽佩這樣的堅持，也被他們的熱情給鼓舞。

本書兩位作者與故事主角們或多或少給了許多專業上的建議，藉此我同樣也要衷心建議尚未體驗過跑步美妙經驗的朋友們，「放下生活中的雜念，穿上你的布鞋，跑，就對了！」

戴遐齡

二〇一二年二月

〈推薦序〉

享受一路風風雨雨的旅程

【台灣路跑王】吳文騫

在某個角落，卻有一群默默支持的朋友，在網路上，因為一位超級跑迷「阿孟」認識了小魚，雖不曾碰面，卻能從文字上感受到小魚對生命的熱忱，尤其加上圖片的情境，更讓我彷彿進入小魚的世界，也開始省思熱中跑步的自己。

曾經因為姐姐打工買來的一雙鞋，讓我可以如願開始跑步的旅程，那股深深的感動，讓我沒有可以放棄的理由，帶著最初的感動一路狂奔……享受因跑步所長出厚厚的繭和水泡，每一次跑步都有不同的邂逅，最棒的收穫就是認識自己，聆聽寂靜、自己的聲音，對於人生、對於跑步啊！

既然選擇了，那就去享受一路風風雨雨的旅程吧！

二〇一二年二月

〈作者序〉
來奔跑吧！以雙腳，以文字

飛小魚

二〇一〇年初，一個好朋友在新書發表會上拿著麥克風，這樣說著飛小魚：「我給她一年的時間，要她寫出一本『可歌可泣』的旅遊書。」

兩年過去了，我還是寫個不停，依舊在人物採訪傳記的故事裡，沉浸著。可心中卻被「可歌可泣」這四個字給牽制了，那是一種關於創作的渴望，雖然我仍然在寫著，卻悄悄在心裡醞釀一本「極度想寫」的書。不是旅遊文學，不是浪漫愛情故事，卻是一本關於跑步的書。

開始戀上跑步以後，剛好遇見村上春樹那本跑步「類」自傳書，好看極了，讀它千百遍也不厭倦。猶如電光火石般，意念開始滋長、萌芽，想寫一本好看的跑步故事，就這麼一直懸掛在那裡，成為我心中最強烈的想望！

我那顆火熱的心，總是對周遭的朋友一遍又一遍說著關於跑步的種種，不跑步也沒關係，那就走路吧，走多了速度加快一點就是小跑步，只要跨出步伐，一點都不難耶，要讓身體動起來，它需要呼吸，需要足夠的水分。就像個「跑步傳教士」，總想把身上的能量與熱情，透過指尖與文字的溫度，把它散播出去。

是的，我不只用雙腳奔跑，更愛用文字來駕馭腦子裡那些紛飛亂竄的思緒，生活中任何一個偶發的吉光片羽，都是我採擷的元素。我的腳，我的心，我的人，我的文字，通通都在奔跑，跑向那無邊無涯的天際，跑出一本厚厚的文字書，訴說著你的我的他的跑步人生，描繪著我們眼中饒富韻味、豐富飽滿的人生風景。

他們說，這年頭不時興長長的文字了，世間是如此擁擠而繁忙，資訊是如此爆炸又迅速，人們漸漸失去閱讀的耐心，說你落伍又不合時宜，沒人想看又臭又長的「阿婆的裹腳布」！可我就是那麼無可救藥的執著與死心眼，對文字，有無法讓步的底限，我仍深信，文字會說話，只要你願意打開它，一頁頁翻下去，會發現它的張力。

終於，這本最想寫的書孕育完成了，它不是可歌可泣的旅遊書，是一本會觸碰到你心裡的勵志書——對吧？在文字創作這條路上，我寧可一意孤行，用我長久以來對寫作的熱情與摯愛，繼續在這條漫漫長路上，義無反顧，執迷不悔。

我不只愛書寫跑步故事，也愛書寫生活中的美好。

我是嗜文字的飛小魚，我在我的文字域裡，泅泳，悠遊，翱翔，奔馳！

二〇一二年二月二十一日

〈作者序〉
跑步，妙不可言！

郭豐州

認識飛小魚是在跑步場合，之後才知道她的部落格很有內容，很受跑者喜愛。上去瞧瞧，真的發現她的文字優美，照片傳神，把跑步這件事娓娓道來，心路歷程一如人生一路的酸甜苦辣。

飛小魚與我提倡運動文化的心意相通，於是興起一起寫書的想法，幾次嘗試之後，摸索出一個可行方案：以她的浪漫文字為主軸，加上我闡述運動知識為綠葉的搭配來撰寫這本書，企圖結合「感性」和「知性」，讓讀者在悠遊於書中主角們精彩的跑步故事之餘，也對跑步與賽事有點更深度的認識。

跑步這運動真特殊，看似簡單、單調卻常能直指人性，震撼人心！我自己從跑步、從籌辦比賽當中，常能體驗到運動的真諦與人性的奧妙。跑步之於我猶如書上的主人翁們一樣，它讓我享受人生風景，曲曲折折，但是妙不可言！

二〇一二年二月十八日星期六

各界名人一致強力推薦！

【名作家】小野

【基隆安樂長跑前會長】王傳明

【土城慢跑主任委員】江清棟

【台灣百信建材董事長】呂忠明

【台灣路跑王】吳文騫

【台東縣超級鐵人三項協會理事長】吳宏達

【名導演】吳念真

【中華民國超級馬拉松跑者協會理事長】吳勝銘

【周大觀文教基金會創辦人】周進華

【希望基金會董事長】紀政

【土城慢跑榮譽會長】陳天養

【飛虎常跑會長】陳克昌

【南投縣趴趴走長跑族】陳信利

【愛路迷會長】黃孝忠

【新北市馬拉協會理事長】郭芳村

【台灣一百公里超馬賽紀錄保持人】郭宗智

【台灣馬拉松紀錄保持人】許績勝

【樞機主教】單國璽

【二〇一一東吳24小時國際超馬賽台灣冠軍】鄒雙喜

【台灣大腳丫長跑協會理事長】劉金書

【行政院體育委員會主任委員】戴遐齡

【台灣路跑馬拉松協會】蕭萬呈

・依姓名筆劃序排列

馬拉松小常識

路跑賽和馬拉松賽：路跑賽是指在田徑場外的馬路上舉辦的跑步比賽的泛稱，馬拉松賽是有規定距離的路跑賽，一定是42.195K（公里），正式的比賽要請有執照的丈量員測量距離。

半程、全程馬拉松：距離為42.195公里的馬拉松賽即為「全程馬拉松」，簡稱全馬。台灣也有人稱呼它為「標準馬拉松」，簡稱標馬。「半程馬拉松」即是全程馬拉松距離折半的賽事，距離為21公里，簡稱半馬。

超馬：凡競賽距離超過標準馬拉松賽（42.195公里）的跑步比賽均稱為「超級馬拉松」，簡稱超馬。台灣超馬最常舉辦的比賽為一百公里及五十公里；另外有以時間為主的賽事，包括十二小時及二十四小時等，競賽距離均超過42.195公里。

初馬、初超馬：每個人第一次參加馬拉松比賽即是初馬，有些民間團體舉辦的會設有「初馬獎」，以鼓勵跑者勇於嘗試馬拉松，此乃採取誠信原則，讓跑者自行申報，一旦發現不符合資格即予以取消。第一次參加超級馬拉松比賽，即為初超馬。

國道馬：在國道上舉辦的馬拉松賽事，稱之為國道馬。台灣的國道馬往往在通車前會舉辦一場馬拉松，例如：二〇〇九年宜蘭國道馬、二〇一一年台中生活圈4號線通車全國馬拉松賽，都是僅此一次的馬拉松；唯一例外是年年三月在台北十八標舉辦的國道馬拉松，通稱為國道馬。

星光馬：二〇一一年由大腳丫長跑協會丫南分部主辦的億載金城星光馬拉松，於傍晚五點鳴槍起跑，至晚上十一時截止，為罕見的夜間馬拉松，稱之為星光馬。

拜年馬：由大腳丫長跑協會丫南分部在每年農曆年大年初一所舉辦的馬拉松賽，地點以大台南地區為主，稱之為拜年馬，從鼠年開始，到今年龍年共計五屆。

百馬、皕馬：在新北市路跑協會資深跑者協助下，在台灣設有「馬拉松普查」制度，提供跑者上網登錄馬拉松證書，累積到一定的場次即頒發獎牌以茲鼓勵，目前共有十馬獎、三十馬獎、六十馬獎，近幾年最炙手可熱的是「百馬獎」，累積一百場馬拉松的跑者越來越多。累積二百場馬拉松的跑者，頒發「雙百馬獎」，或稱之為「皕馬」。

三鐵賽、鐵人三項賽：Triathlon直接翻譯應為「三項賽」，指的是把三項不同的運動連在一起的比賽，引進該運動時，因覺得比賽難度高，能完成者均為鐵人，於是冠上「鐵人」稱號，變成「鐵人三項」，簡稱三鐵賽。該運動有多種比賽距離，其中國內比賽較頻繁的是夏季奧運比賽的距離，稱為「奧林匹克距離」，通稱「全程鐵人賽」，它的比賽內容是游泳一千五百公尺，自行車四十公里，跑步十公里。

226超鐵：國人說的「超鐵賽」，其實就是「鐵人賽」（Ironman），因為先前已經有「鐵人三項」的用法，於是只好使用「超級鐵人賽」（超鐵）來稱呼，以表示競賽的距離超過原先鐵人三項的距離。參賽者先游泳3.8K，再騎自行車180K，最後是跑全程馬拉松42.195K公里，總距離加起來226K，因此簡稱226超鐵。近年半程超鐵也受歡迎，簡稱113超鐵。

ＰＢ與ＰＲ：ＰＢ，Personal Best，個人最佳紀錄；ＰＲ，Personal Record，個人紀錄，泛指最佳紀錄。

以馬養馬：意指每週都參加馬拉松，藉由參賽經驗來培養下一場馬拉松的實力，也就是透過馬拉松比賽當成訓練，厚植自己的實力。跟「以賽代訓」的意義相近。

ＣＰ值：capability/price 的縮寫，意指價格與功能的比值，簡稱為ＣＰ值或C/P值。

CW-X：日本戶外運動知名品牌，其中高價位機能型馬拉松緊身長褲，在織法、布料的緊貼束縛、排汗透氣、肌肉支撐、改善乳酸堆積等，有經過運動科學及人體實驗，包覆性佳，被視為馬拉松緊身褲的最佳品牌之一，雖然價格昂貴，但ＣＰ值頗高。目前台灣沒有代理該品牌。

斯巴達松：SPARTATHLON，每年九月在希臘所舉辦的國際知名超馬賽事，被超馬好手視為一生必去的挑戰之一，賽事路徑包括柏油路、步道和登山步道，海拔範圍從海平面到一千二百公尺，共計二百四十六公里，限時三十六小時，今年將邁向三十週年。

ＬＳＤ的練習：ＬＳＤ是Long slow distance的簡稱，意指跑者為了培養長時間耐力，每週都會跑一次長時間、慢速度的練習，例如以每小時八公里的速度跑三十公里。

亞索八百：亞索的八百公尺是一種很特別的節奏跑練習方式，訓練法是想要在兩小時三分內跑完一場馬拉松，就應該能用兩分三秒來跑一趟八百公尺（又例如想用三小時五十分完成馬拉松者，可以用三分五十秒跑八百公尺進行節奏跑練習）。這是一種漸進式的練習，剛開始可以進行三趟八百公尺，接著進行到五趟、十趟，慢慢增加份量，非常適合於練習馬拉松。

註：有關跑步及鐵人三項相關訊息，推薦以下三個網站，內容包羅萬象。

1.跑者廣場：http://www.taipeimarathon.org.tw，其中「全國賽會」裡有國內所有路跑賽、馬拉松賽及三鐵賽等賽事訊息；「跑者留言版」則是跑友最愛去的地方，各種話題應有盡有。

2.運動筆記：http://www.sportsnote.com.tw/running/index.aspx

3.don1don 動一動：http://www.facebook.com/don1don321

目次

〈楔子〉
不可原諒的逃離

從來沒想過，我這雙腳可以奔跑。

走路三分鐘都會讓我皺眉頭，一個不是開車，就是伸手一招滿街都是私人轎車的懶惰蟲，竟然會性情大變，奔跑起來。而且這一跑，一公里、三公里、十公里，然後一件打從盤古開天以來就不屬於我的世界，原本是一輩子也不會碰觸到的事——馬拉松，竟然意外闖進來，為我的人生版圖增添一項Mission Impossible的紀錄。

是的，Mission Impossible！二〇〇七年太魯閣馬拉松首度挑戰半程馬拉松，在周遭的人並不看好，甚至一面倒向「落馬」的聲浪中，不可思議跑進兩小時。我以為人生至此，夫復何求，真是美好的感覺，真教人陶醉萬分。

這就夠了，那時候的我，壓根、徹底、絕對、百分百，沒有半點跑全程馬拉松的企圖心，我總是振振有詞、理直氣壯、信誓旦旦地說著，「沒時間跑馬，絕對不要跑馬！」因為想做的事太多，既然沒有足夠的練習就不要輕舉妄動，死了這條心吧。

人生就是這麼奇妙。怎麼也沒料到會在二〇〇八年十月，一場讓自己血脈僨張的「I

ＡＵ首爾世界盃超馬賽」歸來，心裡著實有著滿滿的感動，一股很奇妙的感覺，悄悄滋長著。

一不小心，我打破了自己「抵死不從」的莫名誓言，決定要挑戰全程馬拉松，就這樣，42.195公里不再是遙不可及的魔幻數字，末代ＩＮＧ台北馬拉松、櫻花雙溪馬拉松、宜蘭國道馬，甚至還遠征了花東縱谷國際超級馬拉松，我那雙總是穿著有跟的鞋子，喜歡讓自己虛長幾公分的雙腳，竟然完成了五十公里的奔馳！

從戀上跑步那天起，我跟自己說，就是跑吧，總有些什麼是發自內心的喜歡，無須有外力鞭策，自己就會甘之如飴，樂在其中的事情。最重要的是，能夠一直持續不斷地堅持下去，不是三分鐘熱度，也不是三天捕魚五天曬網，更不是虎頭蛇尾無疾而終，這些昔日無法原諒的壞習慣，統統都在日復一日不停地跑步中徹底戒掉了。

我給自己許下一個名字叫「持續」的願望。

跑呀跑的，意外跑出了一身輕盈，不可思議甩掉了十公斤的肥肉。

跑呀跑的，爬山不再氣喘如牛，上氣不接下氣，就連挑戰百岳，都不再那麼吃力與痛苦。

跑呀跑的，竟然可以馳騁在氣勢磅礡壯麗的太魯閣峽谷與新北市雙泰產業道路，化身成一隻風速小魚，讓自己的長髮隨風飄揚，在高低起伏且蜿蜒的山路裡，奔跑著。

跑呀跑的，跑出了一個健康活力的、元氣十足的、煥然一新的自己，跑出一個海闊天空的人生。

我以為，我可以這樣一直跑下去，跑到山之顛，水之湄，跑到海角天涯，跑到世界的盡頭。

我以為，我會跟跑步談一場長長久久、纏綿悱惻的戀愛，它不會是我人生中的過客，終將是我一輩子的戀人。

結果，我沒有變心，但我的雙腳卻狠狠背叛了我，它偷偷出走了，不再是一雙可以奔馳的腳。

我的身體張牙舞爪，齜牙咧嘴，向我展開絕地大反攻——被甩掉的肉又一寸寸跑回來，緊緊纏住我不放；好不容易恢復運作功能的新陳代謝，又一點一滴消失了，索性罷工；不傷大雅，但莫名的疾病卻不甘示弱，跑來湊熱鬧。

一旦啟動跑步機制之後，停下來，竟是這麼多始料未及的麻煩，排山倒海而來。

明知危機四伏，無奈雙腳卻不聽使喚。儘管我依舊不停地歌頌著跑步的好處，文字從未停歇，還是寫個不停，訴說著關於跑步的種種。為了掩飾自己的心虛，甚至大言不慚地說，「我用雙手在鍵盤上飛舞著，跑一場三百六十五天不中斷的文字馬拉松！」

是的，二〇一〇年我給自己許下一個承諾——每天擷取生活上的吉光片羽，寫下來化成文章，三百六十五個格子，一格也不少。這是屬於我的光陰地圖。

人的習慣養成了之後，彷彿有種魔力上身，靈感如泉湧般源源不絕。我的腳持續罷工，我的手活動力驚人，敲鍵盤取代了奔跑，累積的不是里程數而是驚人的文字產量，日復一日，腳廢了，忘記怎麼奔跑；手也廢了，鍵盤使用過度偏偏又姿勢不當，最後還動了個小刀才把它給修復過來。

我為這一長串的光陰地圖兀自沾沾自喜，還替自己沒有跑步找到一個理直氣壯的好藉口，因為，我熱愛文字、專嗑文字，人生嘛總有取捨。

就這樣，從二〇〇九年四月宜蘭國道馬拉松之後，我就從馬場無可救藥地逃離了，逃得遠遠的，關於奔跑的記憶，徹底遺忘。

可這樣的我竟然禁不起出國旅行的誘惑，不知天高地厚報名二〇一〇年明治神宮外苑超級馬拉松。更糟的是，我骨子裡那該死的、根深柢固的「不見棺材不掉淚」的惡習，讓我嘗到史上最痛苦的惡果。我在東京墜落了，一顆心被撕裂成千萬片。

一場完全沒有練習的賽事，絕對是失敗的「元兇」，沒有任何藉口與理由。我頹廢，懶散，墮落，放縱，信手拈來就是一百種不跑步的理由。明明報名了卻視若無睹，完全沒有乘機好好鞭策自己，振作起來。雖然賽前著實有巨大的恐懼，但還是心存一絲絲僥倖，以為老天爺會眷顧我，從天上掉下來「一隻馬」送給我，果真如此的話，我一定會好好振作來報答「天意」。

我在心裡作著美夢，很該死地自我安慰著。

結果天意給了我當頭棒喝，看能不能敲醒我。

天底下果真沒有不勞而獲的事，尤其是極限運動這種事，擁有再多的資質與天賦，如果沒有付出相當的努力，注定會重重摔一跤。

正當我黯然神傷，躲在角落裡自怨自艾、自暴自棄之際，他們這樣跟我說著——

「妳有鮮明的個人風格，堅持做自己！相信自己的直覺！」

「妳的心是愛跑步的，這也是一種跑步訓練喲，名叫：意象訓練，腦子想著在山裡狂奔，用大腦記憶跑步的感覺，這也是很重要的練習。」

「都怪當初帶妳進門的人對妳太殷切，讓妳陷入狂熱之中，讓妳的跑步生命燦爛似櫻花……（美麗又短暫）」

我喜歡「燦爛似櫻花」這句話，但，不喜歡它的涵義，「美麗又短暫」。可不可以，像山谷裡的野百合，堅毅而且堅忍，就這樣在最艱難的環境下，兀自吐露出它的芬芳？

我知道，我身上再也沒有任何關於馬拉松，以及花東縱谷五十公里的記憶與圖騰。原以為那會是一輩子的烙印，但它竟然消失不見了。

或許如這句話：「打散重來，妳會有另一番收穫。」

真的嗎？我的心，又重新燃起一絲絲微弱的，小小的希望。但至少，我看到了那道光！

跟自己說，除非你甘願當個「俗辣」，承認我就是不行，然後，從此對跑步這件事徹底死心，把它當成是南柯一夢，或者，海市蜃樓。如果做不到，就不要讓心底那把火徹底熄滅了，明明還是可以感受到它的溫度，我那顆被跑步「電到」的心哪，明明還是會悸動，會滾燙，會沸騰，會心跳加速，為什麼要這樣糟蹋自己的心意呢？

一直以為我是一隻打不死的飛小魚，再大的挫折，也不會真正倒下。逃避從來就不會是我的人生態度，除了自古以來最磨折人的感情，會讓我變成一隻鴕鳥，以為把頭埋進沙子裡，就什麼也看不到。

從哪裡跌倒，就該從哪裡站起來。我決定去面對它，審視它，唯有通過這巨大撕裂的痛苦，才不會變成禁不起失敗的弱者，再也不能逃離了！跑馬拉松就像一場漫長的人生縮影，這42.195K的距離或六小時時限，你是在跟自己競賽，如果遭遇到挫折就閃躲，以後還是會重複著同樣的惡夢。

終於，我在那場全台灣跑友為之瘋狂的「二〇一一年億載金城星光馬」裡「復活」了。經過漫長的五小時四十二分，四十二公里的煎熬之後，看著終點就在前方，這時，全身血脈僨張，腎上腺素瞬間飆高，高舉著手中那支「陌馬大旗」（星光馬是高雄百信慢跑俱樂部陳文華隊長第兩百場馬拉松，陪跑慶祝團有上百人），然後——

我飛起來了!!

在夾道人群的鼓掌下，我一路呼嘯、尖叫、狂笑，就這樣high到終點。

原來，那晚這一場驚天動地的傾盆大雨，就是為我流的眼淚。

原來，我的淚水已經隨著滂沱的大雨流入泥土，化成夏泥，滋潤了我那顆被打擊得搖搖欲墜的心。

原來，天空在下雨，大地在下雨，我的頭髮、我的眉、我的眼、我的身體、我的腳，在下雨，整個世界都在下雨。

可我的心沒有下雨，因為，這裡頭住著一顆會微笑的小太陽。

我以為我會哭，卻被滂沱大雨拭去了淚水。

「妳的腳跑完星光馬根本沒有問題，只是，妳的心裡有一道跨不過去的障礙！」通過這場考驗之後，一個大哥在我的Facebook上這樣寫著。

我笑了。

我終於把心裡那道高高的牆給推翻，用我還不太靈光，但至少可以奔跑的雙腳，把那個像夢魘般緊緊糾纏的障礙，「刷！」一聲，飛踢出去。

我喜歡愛跑步的小魚，喜歡可以很有恆心與毅力，持續不斷跑下去的自己。

〈前言〉各種不同的人生風景，人生課題

跑步是一種life style，一種人生風景。每個人跑步的初衷或許不盡相同，跑馬拉松所追求的目的也各自不同，跑步帶給一個人的改變、感受與驚喜，絕大多數在意料之外，同中有異，有屬於自己的樣貌與故事。

跑步是寂寞與自己的對話，藉由對話的過程來闡述人生，進行一場人生觀照。

尤其是跑馬拉松途中「撞牆」了，該如何突破與調整，重新找回自己的步調與節奏，心跳的聲音，步伐的頻率，心裡的撕扯、掙扎、糾結、靈魂的交戰，身體上超越自己所能負荷的極限，這種種五味雜陳的內心戲，只有親自去體驗才能體會得出箇中滋味。

一旦跨越了，奔抵終點的那一刻，那種成就不關乎速度的快慢，時間的長短，這是一種「完成」的莫大喜悅。

就像是人生的挫折與阻礙，如果一碰到就退縮，逃避，沮喪，放棄，永遠也跨越不了那一道牆。只有去面對它，通過它，穿越它，才能夠摘下成功的果實，這樣的掙扎與淬鍊，跟跑步過程中所遇到的心路歷程其實是同樣的情境，跑馬拉松就像是人生的縮影。

你的我的他的以及很多人的故事，或浪漫的、勵志的、啟發性的、健康的、平常生活的、心理層面的、趣味性的、極限挑戰的，把種種不同的life style串聯起來，就是一部擁有多種課題，豐富精采的人生風景。

這年頭，把跑步融入生活裡，跑步（運動）過生活，簡單生活風其實也是一種時尚，回歸到人們最原始的本能，減少文明病的發生，帶來更多無可名狀的巨大收穫。來奔跑吧，會讓你更清楚自己的身體狀況，更加懂得如何面對及善待自己。

第一章
青春無敵，打破草莓族的迷思

曾幾何時，七年級生被冠上一個「草莓族」的稱號，都說年輕世代的新人類無法吃苦耐勞，一有不順遂，動輒彈跳離開，既不耐磨也不耐操，字典裡「堅持」與「毅力」這樣的字眼，代表落伍了，不合時尚了。

「只要我喜歡，有什麼不可以！」於是，草莓族總是輕易放棄，不喜歡就換，就跳槽，就換個跑道再來，反正越跳越好，只要你懂得談判籌碼的話。

或許，這樣的現象普遍存在，但隨著自主意識抬頭，有見解、有膽識、有自主能力的七年級生越來越多，他們勇於嘗鮮，激發潛力，一次又一次挑戰自我。

或許是約定俗成的既定印象，認為跑步是上了年紀的人，基於捍衛身體健康考量才會從事的活動。年輕人當然是歡樂無限，唱KTV、看電影、逛街、泡咖啡館，當然更多人可能是忙社團、搞活動，甚至辦聯誼，最普遍的，大概是成天掛在電腦前玩game吧！

幸好在逸樂與頹廢之間，另一股讓人嘖嘖稱奇、暗暗佩服的新潮流正茁壯中。第一個讓我驚豔的是陽光熱血女孩許見微，一個我打從心底好喜歡的可愛女孩；然後又跟陳宇宏熟稔起來，一個很有想法也很熱血的大男孩。後來又遇見青春女大學生百信的葳寶（陳昱葳），以及選手級的東吳音樂系美女葉家含，噢，草莓族閃邊去，這些大孩子正在改寫紀錄呢！

超越顛峰的陽光女孩許見微

一個奇特又不可思議的女生。原本立志在三十歲時當個全身穿名牌的貴婦，這樣的夢想對家境不錯的許見微而言，輕而易舉，順理成章；或許正因為得來太容易，少了刺激與期待，渾身是勁沒有框框也沒有設限的她，以跑步做為出發點，展開一場奇幻不思議的極限之旅。

三十歲以前的小微，締造一次又一次讓人嘖嘖稱奇的紀錄。不過，成功摘下二〇一〇年台東226超級鐵人賽女子組后冠後並沒有沾沾自喜，她把眼光放在世界的角度，「想當一個有影響力的人！」

這個讓我打從心底由衷喜歡又很崇拜的「極限女神」，在她身上看到太多奇蹟。二十歲出頭正值花樣年華，這種年紀的人應該是喜歡逛街、喝下午茶、在KTV狂歡、跑夜店、趕趴，那時的小微也喜歡跟朋友吃吃喝喝，熱熱鬧鬧到處去玩耍，做著時下年輕人喜歡做的事情。直到二十二歲那年一場自助旅行，讓她的人生徹底蛻變，轉了好大一個彎，從此，她的世界變得不一樣了。

在旅行途中，小微看到很多比自己更年輕的人，才十七、十八歲，就有獨立自主的想法與世界觀，讓她覺得很驚訝，開始去思考自己的人生難道只要買個名牌，就雀躍萬分，心滿意足？只要耽於逸樂，等待迎接三十歲到來，如願以償當個穿名牌全身打扮得很漂亮的貴婦，「難道我的人生目標就只是如此而已？」

笑稱自己是「high咖」，天不怕地不怕，什麼事都勇於挑戰與嘗試的小微，開始在內心進行一場與自己的對話。

我也可以跑馬拉松？

「為什麼那些小朋友可以這樣做，我就不行？」她尋找適合自己的事情，想傾注自己所有的熱情，好讓人生也能發光發熱。剛好有朋友要去墾丁參加113超鐵賽，學生時代完全沒有任何運動細胞，原本走吃喝享樂風的小微，第一次接觸到極限運動，才發現「原來可以這樣玩！」她的心不由自主地陷落了，她墜入一個沒有極限，永無止境的「超越顛峰」境界裡。

二〇〇二年玩三項的人很少，放眼望去，很多都是四十歲以上的大哥、大姊，「怎麼每個人身材都這麼好？」小微暗暗吃了一驚，心想如果到了五十歲也能擁有一身迷人線條的魔鬼身材，該有多好！就這樣，美少女小微從此揮別貴婦夢，開始接觸跑步運動。

別以為現在已經晉級「一姊」、跑得飛快的小微是天生好手。剛開始跑步時的感覺「快要死了！」原來，對運動一無所知，也不曉得跑步是需要練習的她，朋友一吆喝就傻傻地參加國道十公里路跑賽，跑跑走走痛苦得半死下完成了，才知道「原來我也可以完成這麼遠的距離」。

就因為這種人來瘋愛熱鬧的個性，看到這麼多人熱血參加跑步活動，小微的腦海裡靈光乍現，決定把跑步當成下個階段的出發點。當然旅遊還是她的最愛，但總不可能三天兩頭都往國外跑吧，不能出國旅行的日子，在台灣要做什麼好？

小微找到了全新的旅行方式。馬拉松比賽全台灣都有，如果找不同地方的賽事，豈不是等同於用雙腳跑遍台灣，把台灣玩透透？她開始規劃跑步小旅行的主題活動，找三五好友一起作伴，把跑步當成旅行的主題——以旅遊為主，假比賽之名行吃喝玩樂之實，就這樣，她開始參加比賽，沒想到該跑什麼樣的成績，要跑多少距離，有比賽就去參加順便來趟台灣小旅行。

那時候小微對跑步沒那麼熱中，參賽就當成是去玩，直到二〇〇五年參加萬金石半程馬拉松比賽，那是她第一次認真想拿完賽獎牌，她很努力地跑著，卻在即將奔抵終點前被裁判揮手高喊「走開！走開！」，原來是全馬冠軍要進來了。明明很努力練習，一星期跑兩、三次，每次五至十公里，竟然功敗垂成！

這次沒拿到完賽獎牌對小微打擊很大，反而激發起她的鬥志，開始去尋找方法，做有效率的練習——從此，她會為了馬拉松比賽，調整鬧鐘早上五點鐘起床，牽著兩隻狗去河堤奔跑十公里、十五公里，「從來沒想過自己會過這樣的生活。」

早起是件很困難的事，小微怎麼做到的？「就兩個月的時間嘛，給自己一次機會！」她抱持著這樣的心態去準備太魯閣初馬。以前覺得馬拉松很不可思議，人類怎麼可以跑42.195公里這麼長的距離？喜歡嘗鮮，她想要在二十五歲之前給自己一個禮物：拿第一個馬拉松完賽獎牌。

她真的做到了。太馬跑完後鐵腿一個多禮拜，走路姿勢像鐘樓怪人，心想，「哇喔，這麼痛苦的運動，我還要繼續下去嗎？」這一嚇，隔了半年之久才參加永慢（現在的新北市馬拉松協會）辦的第二場馬拉松賽，痛苦指數大幅降低，讓小微重新燃起對跑步的熱情。

智慧型選手

要做，就全力以赴，找方法來提升練習效率。

這是小微成功的祕訣。

她知道如果要繼續經營跑步這個運動，就要參加社團，激勵她去做有效率的練習。上網搜尋找到離家最近的土城慢跑後，小微像個用功的好學生，按時參加固定團練以及假日的長距離練習（LSD，Long Slow Distance），虛心接受前輩給她的指導，短短兩個月就跑出四小時五十分的成績，進步一小時，就這樣一頭栽進去了。

小微的工作時間不像一般朝九晚五上班族，一忙起來有時候要到很晚才會下班，為了比賽，即使累得半死還是要跑，甚至早早起床晨跑，她總是會給自己訂定一個目標，確實去執行。

「與其在比賽當下累得要死，痛苦萬分，不如多花一些時間去做有效率的練習。」這是小微的態度，她想要看到42.195K沿途的風景，而不是被公里數給綑綁與制約，不斷在心裡嘀咕、咒罵著，這樣只會讓時間越跑越漫長，到最後度秒如年。負面情緒蒙蔽了你的思考，哪來的心情享受跑步的樂趣？

小微認真練習，因為她想要享受比賽。之所以很喜歡比賽，因為可以看到很多不同的人跟不一樣的地方，接觸很多很新鮮的事情；如果沒有做好充分的練習，比賽時整個心思與焦點只會放在跑步上，腦子裡想的都是比賽這件事情，自然就少了樂趣可言。

怎樣才是有效率的練習，如何讓自己做到進步神速？

小微發自內心覺得跑步是件很有趣的事情。她喜歡在不同的階段給自己不同的目標。跑了九場馬拉松後，又興起「許願」的念頭，給自己一個紀念——跑進四小時。心想就會事成，當然不是平空掉下來，小微總是逐夢踏實找最可能的方法，那次她請好朋友J帥（王志袁）帶她跑，果然刷新個人最佳成績三小時五十八分。

機會來了，因緣際會下穿上代表隊制服，跟高手一起參加鄭州國際馬拉松。既然是代表台灣，又是團體積分賽，小微為了「不能太丟臉」這個念頭，又燃起高昂的鬥志，再度拿出一直以來不斷進步的「法寶」——向高手請益。她知道有個三鐵高手李高偉，工作很忙碌，只能在有限的時間裡做最有效率的練習，週練習量十小時竟然可以名列前茅，讓人嘖嘖稱奇。

人外有人，天外有天。在很多人心中已經是高手的小微，知道要到哪裡去找方法，好讓自己更精進。她總是有辦法找出各領域裡的頂尖好手，虛心請益、學習，甚至跟對方索取一套適合自己的課表；小微不是囫圇吞棗，更非東施效顰，她把廣納而來的方法融會貫通後，轉化成最適合自己的訓練方式。基於榮譽感使然，很認真執行李高偉為她量身打造的課表，鄭州馬拉松再次締造個人最佳紀錄，那年小微披掛上陣的新竹代表隊還拿下團體賽總冠軍。

小微終於明白，原來不用每天練到累得半死，花很長的時間去經營這項運動才能締造好成績。她開始改變對運動的想法，不再悶著頭蠻幹與苦練，採用「聰明策略」加上「捨得操練」雙管齊下，蛻變成一個智慧型選手。

很多人覺得跑步好無聊，可偏偏人來瘋的小微卻覺得一•點•都•不•會。甚至，跑步好好玩。它不只是一個運動而已，或許世人都以為就只是傻傻地跑著，太無趣了，我沒辦法做這樣的事情。瘦瘦小小的小微卻蘊藏著大大的能量，爆發出驚人的威力，當然是她從中發掘出跑步與運動永無止境的樂趣！

就只是一念之間。找到方法開始做有效率的練習後，忍不住驚歎連連，人的身體構造真的好不可思議，你可以一直去開啟，不斷去激發自己的潛能，這就是讓小微深深著迷於極限運動的「嗎啡」，怎麼可能無聊？分明就是一件很好玩有趣也很刺激的事情。

忍不住問自己，「我可以做到嗎？」就因為充滿著未知的新鮮感，才會一次又一次去嘗試與挑戰，不斷去突破自我的極限，當然好玩。

究竟人的極限在哪裡？或許沒有人會給你答案，多數人是保守而膽小的，在既定的規格與軌道裡生活著，不會輕易去越界。小微的字典裡沒有極限與框框，她也不曉得自己可以奔向哪裡，就是設定一個目標去嘗試，每次都給自己一個想法：「就算失敗也沒有關係，至少我試過了。」

攝影/AN HSU

許見微提供

她不會給自己太大的壓力，非得突破什麼不可，只是會先給自己設一個遙不可及的目標，堅定不移地朝那個方向前進，結果是不是她所想要的已經不重要了，因為，她喜歡的是去挑戰的「過程」。

鄭州馬拉松抱定「不要最後一個回來」的目標，小微跑出三小時四十三分的成績，又一次激發出潛能。向高手請益，做有效率的練習，就這麼簡單的兩個原則，但執行起來箇中的辛苦，如果不是打從心底熱愛運動，很難堅持下去。

不要用沒空當藉口

人生何其短暫，生活中已經有太多苦悶、困頓與層出不窮的狀況，「我沒時間」是大家經常掛在嘴上嚷嚷的事情，所以，一再割捨，一再猶豫，一再裹足不前，一再原地踏步，遲遲不敢勇敢迎接挑戰。或許是青春無敵吧，小微從來不退卻，工作忙碌從來就不是問題，阻撓不了她那取之不盡、用之不竭的旺盛能量！

小微的工作是窗簾業務，因為對設計有興趣而且喜愛美的事物，讓她對這份工作注入了美學心意，她喜歡為客戶提供規劃與建議，她去上課，看設計相關的書，參觀設計展，不會把自己放在「sales」這個位置而已，工作時的她一樣是全心投入，剛好有案子時，晚上十一、十二點才下班回家也是司空見慣。

應該沒時間運動了吧！累癱了，太晚了，沒法子運動了，很容易一天、兩天就這樣日復一日被工作給淹沒掉。小微可沒那麼輕易就被時間掐住，知道自己沒空去外面練習，就在家裡設置一些輔助道具，例如腳踏車練習台。晚回家就做一些簡單的核心運動，或做瑜伽，或騎騎練習台，同樣達到練習的效率，就因為她始終抱持著「過程比結果重要」的心態，藉口從來就不會發生在她身上，運動之於小微已經是日常生活不可或缺的一環了，就像吃飯睡覺呼吸一樣自然。

路跑賽取代了KTV歡唱

瘋運動愛熱鬧的小微，一個人跑步未免太無聊，找不到支撐的力量。幸好學生時期的死黨很支持她，尤其那個有著圓圓大大的眼睛，皮膚白皙透亮的清秀佳人雯雯更是無條件陪伴她，小微拉她一起參加舒跑杯三公里路跑賽試探一下，結果跑完後血糖太低暈倒了。

「我不具參考性啦！」同學眼中的小微是個神經病，原本就是個很愛戶外運動的女孩，她們沒把小微「放在眼裡」。倒是看起來弱不禁風一吹就倒的雯雯跟著小微開始跑步，甚至也跑完42.195K，還完成一場三鐵賽，嚇壞一缸子人。從此，小微最親密的「語五信」夥伴（專科同學），二十幾個女生都成為愛跑步一族，以前的聚會就是唱歌、下午茶、吃飯，現在變成了舒跑杯、Nike路跑等場合，一次就是十幾個人，性質從坐下來吃吃喝喝，變成很陽光健康的跑步郊遊行程。從此假日的路跑賽與馬拉松跑道上，出現一群跑得很開心，笑得很大聲，拍照時總是很kuso的年輕生力軍。

小微不僅打破自己身上的框框，她連帶也把世人加諸在雯雯身上的印象給徹底顛覆了。雯雯的初馬十個人裡有九個人信誓旦旦說「不可能」，只有永不退縮的小微用無比堅定的口氣說：「我們只是想要完成一個馬拉松，不一定要在時間內完成它。」

她覺得時間這件事並不是這麼重要，就這樣，把六小時的時間限制也拋開了，帶著渾身上下絲毫嗅不出一絲運動細胞的雯雯，抱著「像逛街一樣的心態」去跑太魯閣馬拉松，最後用六小時三十分完成，嚇壞所有同學，甚至在「我怎麼可能會輸給雯雯？她都可以了，我為什麼不行？」的心態下，身邊越來越多人也跟著參與，現在語五信過半數的人跑過半程馬拉松。

多麼正向的循環！小微無疑是個歡樂帶原者，散播一種名叫熱情有勁的種子，讓草莓族這個名詞像吹泡泡般，消失了，在她的生活圈裡只有看到青春無敵，只要她下定決心要做的事，字典裡就沒有「不可能」這三個字。

台東226超鐵賽就是最鮮明的例子，小微的氣勢在那場賽事竄到顛峰，贏得所有人的讚歎與佩服，但她不是好大喜功、迷戀追求成績享受掌聲的偏執型選手，「我就是要去做看看」是她一貫的態度，從來沒有設定過想要創什麼樣的成績，或者得什麼樣的名次，就只是想去嘗試看看可不可以做到，賽前去執行艱辛的課表，看看自己能不能完成這個遙不可及的夢想。

太多時候，人們總是先否定自己，覺得不可以也不可能做到，就先退卻了。沒有開始，永遠不會有完成的機會。很怕被自己框住的小微，一再去尋找要打破自己現有局勢的事情來做，她的好勝心並不在於得名次，而是一定要把它完成不可。正因為出發點不同，更容易有出人意表的好成績出現。

不一樣的旅程

登上冠軍寶座後的小微，瀟灑地揮一揮衣袖，在「三十而立」這個重要的里程碑前夕，她揹起行囊，去澳洲展開一場為期五十天的探索之旅。怕自己太過執著於賽事而錯過往後人生旅途上更多的好風好景。當局者迷，沒有跳出來不會知道自己在做什麼事，她深知在台灣排名第一其實沒什麼大不了，離開這塊土地以後，你可能什麼都不是。

她風塵僕僕回來了，然後，又經歷日本五島226K挑戰，以及十一月初的「二〇一一墾丁Ironman」，把自己放到國際競技舞台上繼續挑戰極限。小微不曉得她的身體還可以往什麼方向走去，她的速度與成績好壞到底還可以做多少改變，統統都是以自己為核心，不是跟別人較勁，而是不斷地挖掘自己的潛能，希望將來可以當一個「有影響力的人」！

三十歲的小微已經如此精采了，她總是超高調地大聲嚷嚷，早早把下一個計畫大剌剌地宣示出來。人們（其實就是我啦）往往害怕自己沒有辦法完成，就偷偷摸摸遮遮掩掩閃閃躲躲，在角落裡默默地做著，越做就越索然無味，一不小心就放棄了。

儼然已經成為人氣指標的小微卻在網誌裡高分貝呼喊：「人人都可以成為食神，人人都可以成為超級鐵人！」她只想告訴大家，我可以，你一定也可以，正因為她喜歡享受參賽的過程，無所畏懼，無須害怕，就只要堅定地往前一直走下去就好。

今年，小微的足跡走向印度、尼泊爾，再一次大旅行歸來後又會有什麼樣的蛻變與驚喜？我熱切又熱烈地期待著。

—郭豐州的觀察—

當自己的跑步教練

見微在入門後為了更精進，跟高手請教，但是她很聰明地把別人的訓練課表變成自己的課表，而不是練別人的課表，這點是我們都該學習的，也就是「練習當自己的跑步教練」。常看到有人把世界級高手的課表拿來悄悄地練起來，希望自己也可以早日像他那麼厲害，但是在練幾週之後就又悄悄卷旗息鼓，因為那課表不是別人練得了的，是給他一個人特別打造的，每個人條件有重大的差距，不能直接拿別人的課表來練，層次越高的跑者，課表越有玄機，也越個人化呢！

那麼，如何參考別人的課表？如何變成自己的課表呢？

基本條件是，第一，你必須懂得訓練項目內容。例如你必須了解何謂「間歇訓練」？它的目的為何？該訓練要素為何？訓練完後應有的感覺如何？長距離耐力運動的訓練項目其實就幾樣，花點時間看工具類的書就可以了解。第二，必須充分了解自己。知道自己的優點與缺點，生理與心理的長處與短處也清楚，明瞭自己的身體條件與生活作息。例如，如果發現自己很難一個人運動，那就安排和同伴一起跑步，利用團體的力量讓自己的訓練得以進行下去。第三，訂定合理的目標。我們看到小微在運動的階段過程當中，築夢踏實，一步一步地訂定看似瘋狂但實際上卻是合理的目標，沒有一下子就跳到超出自己太多的目標，把自己逼到運動傷害的險境中。

我還從見微的故事中學到什麼呢？勇敢！她勇敢地嘗試不同的目標，勇敢地拒絕名次的誘惑，而能保持自己運動的初衷；勇敢地擺脫日常生活的枷鎖，不給自己藉口光說不練；勇敢地把「不可能」從自己的字典中刪除。讓我憶起我遇到過的無數外表溫婉，但是內心卻堅強無比的可敬的亞洲女性！

可以奔馳如風，陳宇宏卻寧願為眾人付出

這是個早熟的七年級生！有著三十歲大男孩該有的調皮樣貌，有用不完的精力與熱血，卻有著超齡的思緒，體貼、成熟、善解人意，懂得設身處地為別人著想，更難能可貴的是，有一顆時時刻刻感恩別人的心，「好榮幸」是他的口頭禪，正突顯出他謙遜有禮貌的態度。

他是陳宇宏，一個馬拉松成績有實力跑進三小時，卻捨棄競速，選擇付出與服務的跑步志工人生，樂在其中，甘之如飴，從中獲得更大的學習空間與成長曲線。

宇宏的跑步年資不長，一「出道」就一鳴驚人，第四場馬拉松跑出三小時八分的佳績，備受世人矚目，「破三」應該是囊中取物。跑馬第一年無役不勝，每回都上頒獎台領獎，家中擺滿各種分組獎盃，正當大家引頸企盼時，這顆才剛綻放出閃耀光芒的新星卻放緩腳步，改變策略；或者更正確地說，他的心態不變，用更寬廣的視角與態度來看待跑步。

年少時的一些經歷，造就宇宏細膩成熟而且圓融俱足，卻不隨波逐流仍保有自我的個性。媽媽在他很小的時候得了肺結核，為了分擔家計，國中畢業的他離家去讀建教班，半工半讀過著比同年紀的人還辛苦的日子，但他毫無怨言，總是樂觀去面對命運的安排。

軍中發生了一場扭轉他人生的意外事件，子彈不長眼睛，穿進他的脖子，在加護病房住了三天三夜，很幸運地從鬼門關走一回，既沒有變成啞巴也沒有留下任何後遺症。大難不死的宇宏在心裡暗暗下了決定——不喜歡過著平凡的人生，想為自己的人生增添絢爛的色彩！

退伍前夕，長久臥病的媽媽過世了。剛到電子公司上班的宇宏變得很自閉，一整天下來不說半句話，他把自己封閉起來，變成一具工作機器，跟同事沒有任何互動。他意識到自己生病了，沒有人可以救他，除了他自己之外。

他想改變，想走出悲傷的幽谷，想找回原來的自己。

他決定挑戰自我。發現自己沒什麼專長，剛好很喜歡跑步，那就這樣吧，他選擇用跑步來開創一個嶄新的人生，雖然那時候的宇宏只是獨自在操場繞圈圈，頂多跑個十五圈而已，至於跑步可以跑出什麼名堂，可以看到什麼人生風景，他渾然不知。

宇宏的生活很單純，他在操場跑著，在住家不遠的苗栗永和山跑著，因為害怕自己跑不完，早中晚都會練習，人生第一場馬拉松就站上「凸台」（頒獎台），連不喜歡他跑太長、跑太久的爸爸也嚇了一大跳。但這絕非偶然，是努力的結果。

速度與耐力間的取捨與平衡

跟很多人一樣，剛開始追逐速度的快感，好勝心表露無遺；漸漸地，宇宏看到一些熟悉的高手陸續受傷，或因操練過度或是賽事時不慎拉傷，他心生警惕，開始沉潛下來思考跑步的初衷。「如果我繼續跑下去的話，總有一天，我也會被它（運動傷害）找上門……」心底閃過這個念頭，他不想被數字給綑綁住，風險太高了，於是他陷入速度與耐力之間的天人交戰。

畢竟人生沒有十全十美，如果魚與熊掌不可兼得的話，只好做出抉擇。做出決定前幾番掙扎，考慮很久，最後還是放下了，宇宏沒有繼續挑戰PB（Personal Best，個人最佳紀錄），轉往耐力發展，他開始挑戰超級馬拉松。

或許是底子很扎實，第一場初超馬——阿達仔（黃政達）的五十公里拜年馬，他一樣跑出好成績，比很多人的標準馬松拉還要快，彷彿沒什麼會難得倒他！別以為跨進超馬領域後，宇宏會跑得更瘋狂，練習量加倍，相反地，他反而放得更鬆更開，心態徹底轉換，他採取「重質不重量」的策略，一個月包含比賽在內差不多三百公里，寧可有效率練習，找出自己最佳的手勢跟步伐，抓穩自己的節奏，自然跑得比較輕鬆、快樂，也比較不會受傷。

三年前宇宏有馬必跑，現在整個心態徹底改變，並不是不喜歡馬拉松或者是熱忱減退了，他自有一番見解。「有時應該要適度轉換目標，例如享受美食這是何等快樂的事情，有跑步有運動又不會變胖，多好啊！」原來跑步是為了可以盡情大啖美食。每個月要跑多少量，要跑多快才及格，很多人都會陷入數字的壓力，這麼一來，往往會忽略跑步的初衷與重點——要跑得輕鬆快樂。如果跑得不輕鬆不健康，就失去跑步的意義了。

平常嘻嘻哈哈，愛開玩笑愛熱鬧愛講話愛吃東西，看似漫不經心，鬆散又不積極，這只是宇宏在世人面前展現出來他可愛又人性的一面。事實上面對跑步，他無比認真。「喜歡上了，就會默默去執行。」他雲淡風輕說出這麼一句淺淺的話，卻透露出一股堅定的力量。

撇步大公開

築夢踏實，宇宏不躁進，不狂妄，不好高騖遠，他其實是有自己獨特的方法，甚至有一些「撇步」，或是跟其他跑友學習，或是自己上Youtube找跑步相關影片鑽研。集各家之大成後，並不代表統統都要照單全收，他會去嘗試不同的方法去練習，有時候會如獲至寶，找到適合自己的好招式。「如果沒有去嘗試的話，怎麼知道這個步伐，這個姿勢，適不適合你？每個跑者的跑姿不一樣，當然要找到適合自己的跑法，跑起來更輕鬆更快樂。」

宇宏聽到超馬媽媽邱淑容下雨天不能跑步的日子都是爬樓梯訓練，就在想，有什麼方法是他最好的雨天練習替代方案？他找到在家跳繩這個好方法，能夠有效訓練個人敏捷的反應和耐力，而且這是一個只要小小的付出，就能獲得不錯效益的簡單運動，完全不受天候影響。他還在Youtube裡看到奧運有競走這項比賽，看人家怎麼走，邊看邊想到C級教練裁判訓練書本上有寫到姿勢跑法與競走步驟，突然間，有種茅塞頓開的感覺，宇宏就把競走加入馬拉松裡面，發現，「欸，還不錯耶！」

剛好二〇一一年十月十日開廣飛跑盃「建國百年百公里賽」裡，當中小腿一度蠢蠢欲動，有瀕臨抽筋的預感，腦子馬上搜索有什麼方式可以度過這個試煉，而且速度不會降太多？他靈機一動，改用競走方式，一圈四百公尺的操場走下來花不到三分鐘，竟然比一些跑者還要快！這個決定，讓他把奔跑的工作暫時移轉到大腿肌肉群，剛好讓小腿獲得適當休息，化解抽筋危機。只是第一次用在比賽中，難免顧此失彼，由於大量用到大腿肌肉群，導致內側摩擦激烈，有一點小燒檔，一回生二回熟，以後就曉得要怎麼把各種方法融合得更巧妙了。

常有朋友問宇宏「怎麼那麼強？」他從來不藏私，很大方分享他的學習之路。他會跟他們說，去操場看別人怎麼跑，不要管跑道上正在認真奔跑的人是阿公、阿嬤、姊姊、妹妹或是哥哥、弟弟，只要靜靜地觀察人家跑步的姿勢，跑得流暢輕快沒負擔的，就把它「偷學」起來，「我都是用這樣偷學的！」宇宏說出一個讓人驚訝，又有點噴飯的答案。

熱心的他經常到處陪人家跑步，也很樂意帶領初馬跑者當個陪跑員，現在的他刻意把速度放慢，他喜歡中後段班跑者的熱情與歡樂氣氛，漸漸習慣這樣的節奏感。有人問他是不是「回不去了？」他一點也不擔心，二〇一〇年祈福100K跑出十小時五分的成績，接下來的古都馬拉松只花了三小時十分；苗栗馬拉松擔任四小時二十分配速員，隨著自己的心意來決定那場馬拉松的速度，這種伸縮自如、而且範圍如此寬廣的能力，不是一般人可以做得到，宇宏對跑步技巧的掌控能力竟是如此高超。

先把速度感跑出來後，再轉往耐力發展，超馬領域裡也可以奔馳如風，也可以純粹考驗自己的耐力。一百公里有人飆出九至十小時的成績，也有人志在參加，即使耗費長達十四小時也要完成這場人生挑戰。就因為宇宏有很好的速度基礎，在超馬世界裡相對更具優勢，綜合訓練方式讓他在賽道上更悠遊自在，遊刃有餘，看見更多的風光。

當人家問宇宏「有沒有去過關山？」他會很驕傲地大聲回答：「有～（拉長語調），而且還跑過呢！」人家就會投來欽羨佩服的眼光，嘖聲連連地稱讚：「你很厲害喔！」轉換心

攝影/飛小魚

攝影/飛小魚

態後，他不再每場都報名，而是挑場次跑，希望每次的比賽都能別具意義。

超馬這條路所付出的心血與時間更多，真的很辛苦，但有時候挑戰自我會覺得「很榮幸」（這是宇宏的口頭禪，很謙虛有禮的年輕人），自己用雙腳跑過美得讓人怦然心動的南橫關山，這是何等榮幸的事情，他忍不住呼籲大家一起來跑，挑戰另外一種自我，讓自己的人生多一點豐富的色彩，會覺得自己「過得很不錯！」

優秀跑者＋熱血志工

不單單是轉換跑步心態，宇宏甚至以跑步為軸心發展出多層次的人生，讓他的心靈更滿足，更喜悅，更圓滿。

參賽的次數變少了，依然可以在馬場上看到他的身影，卻是志工角色；二〇一〇年五月份，更在苗栗永和山的馬拉松賽事裡有「吃重演出」，他是成就那場賽事幕後的靈魂人物之一。

跑者固然很辛苦，要用你的雙腳及體能去完成一場賽事；如果沒有當過志工，不會了解志工的辛苦，付出更長的時間與力量，掌聲與光環不會落在你身上，尤其從一名跑者轉換跑道去當志工，那種心境與感受又更加深刻，感動之餘有時不免也會感嘆。志工當久了，再進階去參與籌備一場賽事，辛苦度又更高，箇中辛酸，如人飲水冷暖自知。

宇宏集三種身分於一身，他比誰都有資格說說不同的心情，特別是年輕的他正值可以迭創佳績的黃金時期，竟然把有限的時間捐出來給廣大的跑者，那種集眾人掌聲於一身的光環誰不喜歡？有誰站上凸台能不雀躍萬分？一個原本備受矚目的速度型選手，就這樣捨棄掌聲，拋開光環，默默為別人付出一切。

就只是一念之間，端看你用什麼樣的心態去看待。調整好心態的宇宏反倒覺得「很享受」，跑得快或慢、今天跑得如何、得不得獎，那是另一個境界，「至少我跑得很快樂！」不管跑得好不好，這場賽事我們都完成挑戰了，只要通過那個門檻就是成功，那種感覺就是不一樣，即使花比別人更多的時間完成又如何，一樣都是愛跑步的快樂一族。

宇宏的觀念裡，當志工是一種無為的付出，不要分誰跑得快誰跑得慢，大家互相幫忙與付出，共同來完成這場賽事，比自己完成一場賽事還要快樂，而且更重要。他去年在三峽教育海洋大學十二小時超馬賽看到讓他很感動的景致：在冷颼颼的賽道上志工的熱忱不減，用笑臉迎接每一個辛苦奮戰的跑者，他們那種竭誠而無私的付出，深深撼動了他，「身為一個跑者也該轉換心態，來幫別人創造更好的成績。」他心裡如是想。

但，談何容易！很多跑者會覺得自己練習的時間都不夠了，哪來那麼多「閒工夫」當志工？可以挑戰三小時，也能夠跑一百公里、甚至十二小時，賽道上的宇宏會是那個盡情馳騁，閃閃發亮的人，他跑得快又跑得遠，是個什麼都做得到的人，為什麼願意犧牲自己的時間？

「跑到最後，目標會越跑越重，想要的越多，壓力自然越大，但往往會忽略了一點，就是背後在支持你的那一群人。」宇宏看到那些默默付出的志工，讓他滿懷感恩與感激，當下就決定他也要「下來」當志工，人要懂得正面思考，站在更包容更寬大的視角來看事情，不能老是想著「我是跑者」，只要努力跑出好成績就好了，這樣會失去另外一種人生風景。

人生的精采度不見得一定是在跑步而已，你可以選擇當個志工，甚至當個賽事計畫者、執行者，有時候扮演的角色不同，看到截然不同的學習層面，得到的收穫自然大不同。參與過苗栗永和山環湖馬拉松那場賽事之後，宇宏經歷另一層蛻變，他的思維更縝密，處事能力大躍進，人生也跟著晉級了。「只要能夠幫別人完成夢想，我們也算是成功。」這是宇宏的志工哲學。

去年底富邦馬帶隊友跑初馬，創下個人跑馬的「另類ＰＢ」（最慢紀錄），直逼五小時大關；他所隸屬的協會要幫他付報名費，他拒絕了，錢根本就不是重點，宇宏想要的是希望更多人喜歡跑步，更多人邁向馬拉松，這就是成功了。跑步真的很健康，不管你用哪種方式跑。

鬼門關走一回的宇宏，把自己禁閉長達一整年的宇宏，選擇以跑步重新出發，不斷地挑戰自己，一步一步往上爬，逐步去完成自己的挑戰。跑步讓他找回快樂與自信，而且更健康！當志工讓他更懂得謙遜，是一種不斷吸收與學習的過程，才會創造出無限的可能，人生的精采處不正是如此嗎？

「人生的精采處貴在，自己可以創造無限的可能；無限的可能，需要更多人一起參與，那才是更有意義的。」才三十歲的陳宇宏，為自己才剛起步的跑步人生，下了最美麗的註解。

—郭豐州的觀察—

如何當一位快樂的志工

幾次看到宇宏，心情也跟著雀躍起來，他總是笑口常開，熱力感染了我。請他擔任苗栗馬拉松的配速員，他也笑嘻嘻地完成任務，不去追求成績與數字。欣見跑步界有許多「有志之士」開始擔任起各賽會的志工，跑友服務跑友，更知道跑友的需要，化自愛為大愛，公民的智識大幅提升，我的感受是非常八股的——「國家充滿新希望」！

說起來，我是跑步界元老志工，早在二十多年前，紀姊（紀政）擔任田徑協會理事長的時代我就擔任協會志工，甚至還正式掛了一個職銜「志工組組長」。這不是在宣揚我的「豐功偉業」，而是在交代我的志工生涯的起源，一句話可以形容我的志工二十五年——「志工生涯就是我的學習之旅」。一路上都是在學校唸書，人情義理都不懂，說話直率不懂得修飾，得罪人還不自知，還振振有詞「對事不對人」，常以自我為中心，不知道要多為人家著想。殊不知「社會大學」才是真正的學校，美國教育家杜威的名言「生活即是教育」真有道理，以為自己懂得點外文就很可以做點事，其實「人和」永遠是真理，當周遭的人都支持時，才有可能做事或者實現新想法。

我學會了不輕易去批評人，當我要批評一個人的時候，一定先找出他的優點，才說出缺點，只因為「我不相信一個人只有缺點而沒有優點」，假如我說不出來這個人的優點時就不去批評他，代表我不夠了解這個人，沒資格去講人家，我一定對人家有所誤會。年紀大了，進步了一點點，當我覺得他有兩個缺點時，一定先舉出他值得我學習的兩個優點，也就是優缺點等量。我更學習到「不能站在對面批評」，凡有意見時一定和人家站在同一立場，嘗試著一起解決問題。在年紀更大、閱歷更多之後，我跟志工前輩學習到「沒有批評，一切尊重主辦單位」的境界，畢竟我看到的不夠全面，經驗也沒人家豐富。固然一路跌跌撞撞，我還是努力學習尚未拿到學分的人際關係學分。

第二項學習是端正自己的志工心態。這麼多年來看到許多志工進進出出，有些很熱血地投入，但是不多久就消失了；有些人來了之後還要別人服務他，協會發現請他來服務的成本比花錢請人還高，就不敢再找他了。有些人很堅持自己的看法與做法，絲毫不跟人家妥協，志工內部產生不合，於是工作起來不愉快，就離開了。多年來我的心得是要長久擔任志工必須保持平常心與學習心。平常心是不要太熱血，審視自己的條件，有多少能力與時間投入，也要讓自己有平衡的生活，把全部時間都放進去，除非很有使命感，否則不可能持久。學習心是抱持我來學習的心態，而非高高在上「我來當志工」的想法。舉起同一個杯子，不同角度的人看到不同的形狀與杯子上圖案，當志工可以學習從不同的角度看待同一件事，可深度了解籌辦賽事者的做法，有機會增加自己的角度，包容心更強，更能完整地了解如何籌辦一場賽事。

第三項學習是專業的充實。當我發現我真的對田徑有興趣之後，開始花時間在閱讀找資料，從網路上訂閱專業討論文章，長期訂閱專業雜誌，參與國際運動組織職務，從而了解更多的專業資訊。發掘得越深，越知道知識浩瀚，自己懂得很少，求知若渴之餘也更知道謙卑，更會去尊敬具有專業知識的人。

很替宇宏高興，在他這麼年輕時就知道如何當一個快樂的志工，雖然他沒有明白地像我條列心得，不過，從舉止上就可以看出他的心態與謙虛，和善地與所有人相處，享受快樂的志工生涯！

第二章

跑出健康，掙脫疾病的糾纏

少了三分之二個胃，身上可能還有殘留的未爆彈虎視眈眈，野心勃勃想造反，屆臨耳順之年，是該安逸過日子，好好地享受，不要再勞動那飽受摧殘的身體了，對吧？

心臟衰老了，無法正常跳動，必須動手術裝置一個節律器之後，好不容易一切如常了，接下來是不是該盡量避免過度操勞，免得它負荷不了？

鍾明燉跟戎撫天這兩個身體各有殘缺的「後中年期」男人，都有著不向命運低頭的堅韌個性，反倒讓六十歲活得比三十歲的自己還要精采，甩掉疾病，用馬拉松來活出另一種生命之光！

少了三分之二個胃，鍾明燉還是要跑

如果你拿到一張死牌，會怎麼看待你的生命？老米（鍾明燉）只有暫停兩秒鐘，馬上快刀斬亂麻，把身上那個不速之客給剷除，他沒有停下腳步，更沒有絲毫遲疑與畏懼，勇敢拿起手中的彩筆，揮灑出更瑰麗的色彩。往三千公尺以上的大山，走去；向42.195K各種不同的風光，奔去，他把握每一個當下，捨不得讓自己不快樂，六十歲的人生正精采呢！

閱讀老米的部落格，像一本浩瀚的書，時而澎湃洶湧，時而流水潺潺，還有滿滿的鳥語花香與咖啡香，讀來心曠神怡，忍不住會腳癢，想跟著他一起去探索台灣之美。誰說到了什麼樣的年紀就該安分守己，不要做太過激烈的事情？五十八歲開始爬百岳，很快就過半數；六十歲興之所至，跑起馬拉松來，少了三分之二個胃、身上有癌細胞的他，一年就「騎」過三十幾匹「馬」。老米身上完全看不到老態，「老當益壯」這個成語並不適用於他，他的人就跟他的部落格一樣，擁有迷人的風采，怎麼讀也讀不完，越品味越讓人著迷。

老米年輕時在果菜公司上班，每天晚上十點進貨，盤點到清晨三點，保護身體器官最佳睡眠時間都處於勞動狀態。或許是經年累月過著無法正常作息的生活，讓壞東西有機可乘，無聲無息侵蝕著、囓咬著，老米總是被胃痛騷擾，斷斷續續吃藥卻不見改善，終於，他決定來個生平第一次胃鏡檢查。結果，竟然「中了大獎」！

那一幕沒有讓老米措手不及，宛如快轉鏡頭，明快而乾脆。醫師看他一眼，迸出兩個字：「癌症。」老米看他一眼，果決地回應：「割掉！」然後他的胃只剩下三分之一。那年老米五十歲，並不全然是拿到一手壞牌，他成為台北市年齡最大、年資最淺的「老」師，他的美麗人生正要開始。

年紀從來就不曾框住過老米脫韁般的個性。當老師的他，課堂裡活潑生動，給孩子們極大的空間，採用引導方式讓他們自由發展，快樂學習。生活中的他永遠精力充沛，一路走來讀了很多書，也當過年紀最大的研究生，一生與藝術為伍，血液裡有浪漫的成分，這幾年還學起大提琴來，光是靜態的興趣無法滿足他，那就去爬百岳吧！

山裡，又是一個截然不同的景象，讓他大開眼界，很多年紀比他還要長的大哥個個身手矯健，走起來健步如飛，臉不紅氣不喘，面不改色，讓老米暗暗驚奇。到底是怎麼鍛鍊出一身好本領的？一問才知道，原來這些健腳們平常都有跑步的習慣，每天清晨先奔跑個五公里、十公里，甚至跑馬拉松也大有人在。

老來才「學」爬山的老米，也想要在山裡輕鬆來去自如，既然體力是可以練出來的，那就馬上開始吧！只要一雙跑鞋一條毛巾，不需要呼朋引伴，也不必舟車勞頓大老遠跑到特定的地方，沒那麼挑剔的話，任何地方都是跑道，再也沒有比跑步更簡單的運動，提升心肺功能效果更好的方法了。

不容否認，各種跑道都有它的優劣利弊：操場繞圈圈很無趣，但ＰＵ跑道無疑是雙腳的最佳庇蔭；跑馬路最便捷，大街小巷任由你穿梭，但是車多人多路擁擠，而且空氣不好；山林小徑裡的產業道路奔跑最愜意，可是路途遙遠，又有遇到野狗狂吠的危險；跑步機不受風吹日曬雨淋的干擾，隨時都可以狂飆汗一小時，可偏偏有人嫌它太單調而且跟實際情境差異太大；河濱公園從新店溪到淡水河到基隆河，細細長長的跑道也有寬闊的視野，可惜這是自行車道，跑步的人得自己注意安全。

老米細數，不禁莞爾。跑步這種事說來其實沒那麼嚴肅，可長可短，可專注可休閒，可以衝刺練強度，也可以輕鬆慢慢跑來操練耐力，他跑出興趣來了，迷戀上一場又一場馬拉松賽事。雖然太忙碌，想做的、喜歡的事還有很多，無法騰出太多時間給跑步，以至於練習量相對較少，不過無妨，老米自有一套馬拉松哲學——以馬養馬，週週連馬，如此一來，就無須特別的訓練。畢竟這是挑戰個人的體力與意志力，不需要跟別人競賽，只要超越自我，但也得視賽事當下的實際情況而定，千萬不能過度勉強。

數字不重要，重點是享受

年近耳順之年，老米開始收藏百岳跟百馬，這樣的活動會不會太過激烈，讓膝蓋跟他的身體負荷不了？做任何事情都有它的風險所在，沒有人可以掛保證沒有傷害；只是，胃壞了，膝蓋壞了，跑步會不會讓它好起來，他不知道。他只曉得，膝蓋壞了絕對不會太拚，反而會跑得更加小心翼翼，沒經驗的人通常不會莽撞冒險，一如爬山有時候是資深嚮導出問題，因為要幫隊友找路，風險相對較高；也可能有自信而輕忽了。沒經驗的新人反而步步為營，不敢暴衝。

幾乎台灣各場賽事都不會缺席，跑過了一樣會再去參加，畢竟每次奔跑起來的風光不盡然相同，老米的馬數快速累積，直逼四十場還謙稱自己是菜馬！他覺得自己還在學習階段，經常在網路上爬文，也常去請教別人，什麼大步幅、小步頻，他邊跑邊調整那些「有的沒的」。他笑稱自己根本就不會配速，反正就是慢慢跑，跑得不會喘不會累，如果覺得情況還不錯就加速，看到時間把握得不錯就會心生「邪念」，想說這場搞不好可以破PB，雙腳的勁來了就會跑快一些。結果人算不如天算，啊呀，快抽筋了，馬上放棄邪念放慢速度甚至停下來走路，留意身體狀況隨時調整自己的速度與策略，每個環節都在學習，老米覺得跑步的樂趣就在這裡。

「沒有要超越誰，就是自己嘛！五十歲才去教書，六十歲才爬山跑馬拉松，這個時候還要去超越誰？」老米覺得小孩大了，家裡的事可以偷懶，假日能夠出去跑馬拉松多麼幸福。跑而優則辦賽事的阿達仔（黃政達）問他對跑百馬有什麼看法？看他跑這麼勤，場場都看得到他的身影，以為他是在「趕業績」；結果卻出乎意料，老米竟然是「無所為而為」，根本不是跑業績，覺得有跑步就會有健康，剛開始跑完一馬要休息三天，膝蓋會覺得疼痛，現在幾乎沒什麼感覺了，很少抽筋也不太需要恢復期，「有進步」這個感覺讓他覺得很開心。

世人都說他一年跑個三十馬，退休前就可以完成百馬。老米問自己，要去想那些嗎？最近這一、兩年馬拉松賽事中經常看到「百馬團」熱烈在慶祝著，雖然樂於細數自己已經奔

攝影/黃政達

攝影/黃政達

跑了多少場，而且每一場都會在部落格裡洋洋灑灑寫上一大篇心情紀事，可說也奇怪，老米真的不在意這些，只要有時間出去跑，每一場都像第一次，沒跑過的路線覺得很棒，第二次跑也會覺得因為身體狀況、心情，以及身邊遇到的人不同，而有全新的感受，他樂在其中，就是要去享受這樣的氛圍。

讓老米念念難忘，非再跑不可的馬拉松，有里港馬、櫻花馬、泰雅馬、虎尾馬等民間社團主辦的賽事，濃濃的人情味讓他感受特別深；艋舺馬是他的初馬，自然有格外的情感；合歡山馬、綠島馬、金門馬及澎湖馬，不單單是跑步的回憶，還有高山稀薄空氣與美麗風光，以及離島休閒小旅行的美好回憶。

跑步很簡單，跑馬拉松學問可就大了，老米認為這是一種結合體能與心智的活動，平常必須要持續鍛鍊來維持良好的體能，不單單如此，還要不斷淬鍊自己的心智，有足夠的毅力與堅持，加上賽前的情報蒐集與自我評估，也就是賽前準備及體能調整，才能夠有餘裕來應付一場馬拉松可能發生的天然或人為的突發狀況。

長跑講究的是穩定的配速，都說馬拉松真正的決勝點在三十公里，甚至三十五公里以後，能夠把速度與體能分配得宜，全然放鬆去面對這場雙腳的旅程，「42.195這個神奇的數字，集期待、興奮、疲累、痠痛、悔恨、堅持、喜悅、滿足各種感覺於一身，彷彿一杯雙份濃縮咖啡，油脂綿密，層次豐富，喉韻甘醇，歷久不退。」老米這段文字寫得傳神，他享受馬拉松的樂趣，我沉浸在他豐富的文采裡，雙腳也跟著蠢蠢欲動起來，很想去品嘗那杯Double Espresso！

黑色告白紀錄片

分明是很謙遜的人，老米卻笑稱自己愛出風頭，喜歡到處發名片。喔！跟他初次見面那天，伸手跟他索取名片，他又說太大張了，沒有隨身攜帶的習慣；原來，這是一張有故事的名片——老米自己拍攝的紀錄片，故事的主角正是他，初次掌鏡就得獎了，這個人還真是多才多藝，什麼事都做得有模有樣，有聲有色。

最初的構想本來只是單純講他從代課老師一路走來，種種辛酸、辛苦的過程；後來罹患癌症，雖然開刀治癒了，到現在還可以活蹦亂跳，但身體裡終究還是有一些潛伏的地雷，把這兩個部分剪在一起，「應該會讓它稍微有點厚度。」這是老米參加紀錄片研習營的作業，他想利用這個機會為自己製作一部「黑色告白」，心裡盤算從這四十八分鐘的故事裡剪出十幾分鐘在告別式來播放，「效果應該很不錯吧！」

紀錄片不能導也不能演，老米只能請身邊的朋友、家人、同事說出他們心中對他的感覺與看法。藝術家的意識型態有真、善、美，紀錄片講究的就是「真」，很多時候拍到一半，受訪者或是狂笑或是泣不成聲，就會拍不下去；把他說得很甜很膩，就會流於煽情；批評得一文不值，剪接時就要格外小心。老米以黑色幽默透過「我，很忙」這張大名片來陳述他生命的轉折。

看完之後，我心中有股暖流緩緩地流過，善感如我，這回並沒有眼泛淚光，而是發自內心的感動，還有更多的欽佩，一個很棒的生命故事，毫不煽情，就只是真實呈現出來。

生病以前的老米原本很「鐵齒」，不見棺材不掉淚，不懂得好好愛惜自己的身體。他總是拿最愛的媽媽當例子，每個人看到她都說她很福相，耳垂垂肩，看起來富富態態，分明就是富貴人家，結果媽媽只活四十二歲而已，什麼福都沒有享受到。

再忙，還是要喝杯咖啡

現在的他，豁達、開朗、樂觀、陽光、積極，徹底貫徹「活在當下」的人生觀，「我沒有那麼偉大，要每個人把今天當成生命最後的一天；如果今天真的是最後一天，我根本不知道怎麼活耶！」老米坦率地說出他的生活態度——沒那麼偉大，可是，會喜歡當下的感覺。

例如，請個假接受採訪，聊聊天很愉快；車上有摩卡壺，今天可能比較晚回家，開到海邊把後車箱一打開，就在那裡煮咖啡來喝，也許沒有星巴克買來的那麼好喝，可是，星巴克不可能讓你在海邊吹著風，看夕陽，邊品味咖啡。任何地方都是老米的咖啡館，他懂得適時品味生活。

即便手上剛好只有三合一咖啡，佐著大自然的美景，別有一番滋味在心頭，喝來也是格外香濃可口。老米喜歡暫時把手邊的工作放下，休息個二十分、三十分鐘，把手洗乾淨，配個漂亮的杯子，其他事情都先拋開，讓自己好好放鬆，享受一杯咖啡的美好時光，說不定半小時之後，接下來的工作效率會加倍呢。

老米很忙，但依然活力十足，隨時隨地只要感覺來了，就會享受一杯咖啡。偷得浮生半日閒，那杯咖啡會特別甜，特別香，人生就是要這樣「偷空」享受，要有一顆細膩的心去留意生活周遭，哪怕在別人眼中可能再平凡不過，透過老米的眼，老米的心，就是格外風情萬種。

爬高山不是為了攀登頂峰之後跟三角點拍照留念而已，美的是途中的好風好景，看雲怎麼飄，草怎麼動；跑馬拉松時盡情去感受那種自在的感覺，如果可以沿路跟人輕鬆談笑，達到那種境界才是真正的享受。

生命之所以可貴不在於它的長度，而是厚度與「織度」，這是藝術家老米的專業用語。「這個織度，要能夠緊實、綿密，堅韌抗壓像革履，順滑輕柔像絲綢。」信手拈來，淨是如詩般的美麗文藻，雖然人生苦短，我在很忙碌的老米身上看到的是豐富的生命力，散發出耀眼的光芒，不會輕易妥協的他，正用著他旺盛的生命力盡情揮灑他的生命樂章！

—郭豐州的觀察—

大家來跑百馬——用老米的方式

十幾年前美國就有一個跑者一年創下五十馬的紀錄，前年有一群跑者玩命式利用時差完成「連七天跑七大洲的七個馬拉松」，這些都是極少數特殊的例子，世界上從沒有像台灣跑者們數百人以短時間完成百馬為目標，「瘋狂地」連馬，週六一場，週日又一場式的連馬，馬場熱鬧得很哪！這情況讓我想起七〇年代登百岳的熱潮，許多人一到假日就上山，埋頭爬過一座又一座列在百岳清單裡的山岳，蒐集三角點照片，卻忘了細細咀嚼山岳風光，享受與大自然互動，把每座獨一無二的山岳之美深印在腦海中。有些人為爬山而爬山，忘了問自己爬山的動機何在？前台大登山社指導老師楊南郡先生在山岳中進行南島語文研究，古道與遺址的探勘，以豐富的台灣山地踩踏經驗去譯著日據時期人類學家伊能嘉矩和森丑之助等人的調查日誌與報告時，註釋得比原作還準確也還要精采。我不知道他爬過幾座山，他也不會說他是否爬過百岳，因為數字並不重要。

別以為我反對跑百馬，相反地我們要鼓勵大家來跑百馬，但是基於對運動生理與心理的認識，以及對運動文化的關注和對跑友們的身體的關心，說出我的百馬觀點：

一、運動生理觀點：大家一定都知道，連馬絕對跑不出自己的ＰＲ，因為身體需要有足夠的休息，才有可能創下好成績。跑馬拉松之後的肌肉、肌腱疲勞很正常，參加次數多，強度越低，恢復得越快。肌肉肌腱是有神經的，但是身體還有許多沒有神經的器官或機件是沒有感覺的，人體運作除物理性之外還有化學性，許多腺體分泌賀爾蒙，工作時需要各式的酶，這些微量元素的補充都需要花費很長的時間。例如女性太密集參賽易造成血紅素過低的問題，需要長期吃鐵劑才能恢復。如果以慢跑方式去完成，每週跑兩個馬拉松，對身體沒有什麼影響，超馬跑者週末兩天的訓練量超過一百公里是很正常的。但是如果一貪心，想得名次拿獎金，那就另當別論了。當運動強度增加，為了應付下肢肌肉強烈收縮的需求，心臟肌肉必須格外用力，從心臟泵出大量血液到血管中，我們心臟動脈為了怕血液倒流，有一個

「閥」的設計，讓血液只出不進，長時間讓這個閥工作過度，就好像一扇門用力開關太多次，門板和柱子間連結處的門閂就壞了，於是瓣膜脫垂、心律不整等問題就出現。因此就運動生理來說，要連馬強度要降到慢跑程度，慢慢跑以完成為參賽目標，不以得名次為目標。

二、運動心理觀點：當我們對一個事物產生強烈的喜愛變成狂熱時，維持的時間不會長久，但是如果是一項嗜好，一個喜好，就可以維持終身。因此真喜歡跑馬拉松，就不需要狂熱，把程度降下來，仿古人的經驗——交友之道在「淡而久遠」，跟馬拉松做朋友，每年跑個幾場，一輩子加起來跑馬百場，身體的健康就在「準備參賽的練習、參賽、休息」循環過程當中獲得保障。

三、運動文化觀點：越來越多跑友會將跑馬心得以部落格方式記錄下來，這是可喜的好現象，表示大家重視文化層面，台灣的運動文化一向是沙漠，只有偶見幾株仙人掌點綴。你不覺得閱讀小魚和老米的部落格像是自己又跑了一次馬拉松嗎？欣賞他們的文采之餘，對於人性的溫暖體驗更深。另一個觀察是當運動文化越興盛時，運動員越受尊敬，社會地位也越高。愛好日本電視節目或文化的人都知道，每年元旦前一晚，日本的公視NHK都會來一場紅白歌唱大賽，是一年一度的社會盛事。評審都會邀請社會賢達，每一年評審席當中一定有一位運動明星，足證運動員在日本社會中具有崇高的地位。從日本每天報紙的體育專欄和運動出版的份量來看，不難得知日本運動文化受重視的程度。

銀髮頑童戎撫天笑談跑馬拉松

隨著媒體業產生革命性變革之後，昔日叱吒風雲的報業王國也風雨飄搖，或被網路狂潮、電子媒體給攻陷，一輩子的新聞人變得有點遙遠，尤其還能維持在一定的高度，筆下的文字依舊鏗鏘有力，觀感、論述仍然擲地有聲，可以洞悉細微也可以掌握趨勢，這樣德高望重的資深新聞人，原本只是如雷貫耳，在新聞圈也轉了十年餘，始終緣慳一面。怎麼也沒料竟然因為馬拉松讓我們相遇了，戎撫天，一個原本以為很嚴肅的長者，在跑步氛圍的烘托下，我們彷彿相識多年的朋友，話閘子一打開就有源源不絕的內容湧出來，其實就是個內心火熱的白髮頑童嘛！

說起來，戎撫天的跑齡很長，已經超過三十年，只是每次跑個四至五公里，每週跑個三至四次，從來就沒想過要跑出什麼名堂來，更沒想過竟然會跑出一堆跑步專欄，跑出一場馬拉松（當然有了開始之後就停不下來了），甚至還跑出一本書來，他大言不慚地說：「跑馬拉松，其實很簡單。」

再也沒有人比很早就被醫師判定膝蓋有問題，不適合跑步；心臟出狀況，安裝心跳節律器，領有殘障手冊；身材微胖，上了年紀，克服重重困難，在六十一歲完成人生初馬的戎撫天更有資格說這句話了。只是，「很簡單」的背後付出很多努力，一步一腳印，經由時間的累積，徹底執行很嚴厲的練習課表後，戎撫天才能夠輕鬆笑談馬拉松。

在職場上奮鬥一輩子，五十八歲那年以為從此可以過著閒雲野鶴的退休生活。只是人可以閒下來，腦部運動不能停，對社會周遭的觀照不能停，人生更不能停，應該給自己一個全新的開始，總該為自己開拓更多的視野吧！

剛好二〇〇八年台大ＥＭＢＡ同學計畫九天的腳踏車環島之旅，很少騎車的他，腦海突然迸出電影「練習曲」的經典名言：「有些事現在不做，以後就不會做了。」下一秒，他不假思索脫口說出連自己也嚇一跳的話：「我可以參加嗎？」就這樣，戎撫天完成他的一千公里單車環島夢，每天大約騎一百二十至一百三十公里，有時候還要騎上山，有點小辛苦。騎完後朋友問他如何？說也奇妙，過程的辛苦統統不復記憶，好像也沒什麼大不了，這樣的體能讓他蠢蠢欲動起來，覺得好像可以去做點挑戰。

腦子裡飛快地轉動著，有哪些是自己未竟的心願，時光突然倒退到三十歲。曾經一度動念過想去跑馬拉松，很快就被自己推翻，根本就是緣木求魚，不可能的事情，從此徹底斷念，一轉眼就過了快三十年，五十八歲的他怦然心動了，既然可以騎千里路，跑42K應該不會太難吧！那趟環島行不是沒有猶豫過，終究還是放手一搏，先試試看再說。結果試了以後非常愉快，辛苦是免不了，但那股巨大的喜悅感足以掩蓋掉其他的感覺，更深信人的潛力是非常大的。

決定了，就義無反顧，開啟他的馬拉松旅程。做這個決定，其實是經過全面性審慎考量後的結果，戎撫天不是單向思考，而是對自己的未來也做了革命性的挑戰，不只是「我要跑馬拉松」這件事而已，他有整套的想法。當時以為從此離開職場，該怎麼安排退休生活呢？首先，當了這麼久的媒體人，永遠不可能離開媒體的；只是在媒體環境劇烈變遷，新工具對報紙產生那麼大的顛覆作用，「我這個老媒體人在未來可以做點什麼事？」他陷入深思。

接下來他認真思考，自己有什麼期望沒有達成，年輕的時候全部奉獻給工作，現在有空了可以為自己做點什麼。他把自己最擅長的「新聞人的敏銳思維」，對整個「媒體環境的未來」，跟自己「想去挑戰的事情」做全盤性完整考量後，豁然開朗，找到一個值得去努力也可以記錄整個過程的事——跑馬拉松。

馬拉松、部落格、一本書

新聞人清晰的思緒，很快就掌握重點，歸納出結論的特質，在戎撫天身上一覽無遺。新時代來臨，web2.0廣為世人接受大量流傳運用的新媒體，他下定決心要踏入，不願當個被時代淘汰的老媒體人，永遠要做現代媒體人。尤其是在個人媒體盛行，素人也可以翻身之際，他深切了解部落格的影響力，不但要去了解網路世界的新知，而且還要進到這個領域裡。

既然個人媒體當道，個人就可以產生作用，適當操作也能夠發揮影響力，退休後可以利用新媒體去延續他過去在舊媒體所做的事情，戎撫天想要藉由自己的力量為社會創造出一些價值。哪怕個人的力量很微小，但只要願意去付出，就會有它的價值存在。想清楚以後，就去思考如何切入，第一步當然是必須先學會使用網路，選擇最適切的工具，有效去運用讓它發揮該有的功效。

接著就進入「事件」了。左思右想，決定利用跑步這件事情來開創另一個人生。對戎撫天而言，跑馬拉松比較獨特，也是很值得記錄的東西，那麼就開始寫部落格來紀錄跑步的練習吧！在鍛鍊過程中，同時也學習新媒體，把過程、感想、知識、相關消息等，統統都用文字寫下來，化成一篇篇文章。跑步跟書寫這兩件事齊頭並進，最後，同時達成目標，甚至超出原先的預期。

從一個不會打字，不熟悉網路的老報業人，下定決心，一切從頭學起，會打字了，會po文章在部落格了，要跟得上新時代潮流與閱讀習慣的改變，除了文字之外，還要懂得大量運用圖片、超連結等，他都一步步去學習，致力把他的部落格變成新媒體的代表。戎撫天展現無比的決心，絞盡腦汁思考如何擴大部落格的影響力，他把舊媒體跟新媒體做了橫向串聯，把部落格裡面的文章改寫後去老東家聯合報開專欄，讓網路跟報紙讀者透過不同管道可以讀到一樣的內容，發揮更大的影響力。

後來出版社邀約，又把文章全數集結成冊，所有的事情就是這麼自然而然，水到渠成，連同他的初馬也是很自然地完成了。部落格寫了兩年多，用一年的時間準備人生第一場馬拉松，二〇一〇年在日本奈良馬拉松達成目標，這只是一個開始而已，他的腳步並未停歇下來。然後，出版一本《文化人戎撫天的築夢故事》，對一個六十歲的人來講，就是逐步去實現夢想，世人多認為跑馬拉松很不簡單，他仍然堅信，他都可以做到了，還有誰不可以？

嚴苛的馬拉松訓練計畫，開始囉！

說來簡單，但也是有一定的步驟。首先，要給自己一個決定：這件事情我非做不可，這是第一步。再則就是循序漸進，跑步這種事情是急不來的，必須一步一步去累積；如果沒有跑步習慣的人，要先讓自己學會跑步，累積足夠的肌耐力跟心肺功能，儲存對跑步的記憶跟經驗之後，再去強化自己的訓練，只要有決心確實去執行，相信任何人都可以做得到。

給自己一個挑戰，如果成功了，就是送給自己一個大禮物。「我其實是要挑戰自己！」戎撫天像個認真的好學生，拿著北大長跑的教材照表操課，先把每天跑步的基本門檻從五公里拉到十公里，維持一星期四十至五十公里的基礎，進入馬拉松季節就把週量加到七十公里，賽前要跑四次三十公里的中距離練習，只要維持這樣的練習量，比賽時不會撞牆，而且，「可以帶著微笑進入終點」，這是北大給他的保證。

好驚人的毅力，好嚴苛的課表，好有紀律的戎大哥！我在心裡暗暗驚奇，即使跑過屈指可數的馬拉松，從來就沒有構著這麼高的標準，是我太草率、輕浮，還是他嚴以律己的個性使然？或許是身體有些疾病，基於謹慎行事考量，與其比賽時因練習不足而有不可逆的意外發生，不如事前盡量按照前輩們給的指示確實執行，把各種狀況降到最低，這樣才能愉悅地享受42.195K的風光。

愛跑步的人多數有著共通的特性，熱情跟紀律，大家會熱心提供很多方法與建議，但聽得再多，如果欠缺紀律無法自主訓練的話，恐怕跑起來會痛苦萬分。紀律很強是跑步的必要條件，戎撫天要求自己每天四點起床晨跑，新聞人的作息經常跟一般人不太相同，夜間活動難免多了點，應酬喝酒在所難免，怎麼做到的？

隨著媒體生態改變，截稿時間提早了，他給自己打造一份全新的作息表，每晚九點半前就睡了，漸漸地，附帶的「好處」就是從前喝酒的朋友都「絕棄」他了，夜生活走入歷史。生活重新reset，每天讓自己的作息很正常，按時跑步，工作，睡覺，飲食起居也盡量簡單，擬好計畫後就認真執行，絕不敷衍了事，也不打折偷懶。

戎撫天的馬拉松路走得格外小心翼翼。長期以來一直有心臟問題，但不是很嚴重，直到五年前健康檢查，醫師說他有很嚴重的心律不整，但又加上一句「沒關係，等到真的不舒服再說。」一直到開始練習馬拉松把距離提高到十公里，發現心律不整的問題變嚴重了，經常心悸，很不舒服，甚至還會暈眩。有一次停好車後差點暈倒，當下心頭一驚，萬一在樓梯口摔倒麻煩就大了，他知道事不宜遲，連續看了兩個醫師，結論都是竇房節病變，這也是一種老化的過程。他心平氣和地接受了，因為，只要裝上心臟節律器就可以正常過生活。

把心臟節律器變成「另類保障」

動過心臟手術後，問醫師可不可以跑步？答案可想而知，當然不可以，從來就沒聽過有人裝節律器還可以跑步。戎撫天半信半疑，醫師都是勸阻居多，十五年前膝蓋就被判定有退化性關節炎，拿到第一張禁止令——絕對不能跑步，後來還是被他克服了。心臟這個問題應該有解吧？他很積極尋求解決方案。

先是找了很多資料仔細閱讀，跟醫師討論，甚至還跟節律器廠商代表討論過，得到一個讓人興奮的答案：「試試看吧！但千萬不要太激烈，太勉強。」就這樣，第二週就開始恢復運動，快走了一個月以後試著跑步，從五十公尺、一百公尺開始跑起，慢慢增加，用一個月的時間回復到五公里。兩個月後回去檢查，傷口復元情況很好，節律器的功能也很好，他不死心再問醫師一次：可以跑步嗎？「不好吧！不然你自己去體會，試試看。」這次總算獲得一個有希望的答案，終於可以放心去跑了。

還是要審慎行事，邊跑步邊留意心臟跳動情況，為求安全起見，陸續又大量閱讀，徹底了解節律器如何控制心跳，跟心跳是怎樣的關係。後來發現，跑步沒問題但是跑不快，因為醫師把心跳範圍設定在一分鐘約六十至九十下的範圍裡；一年以後，調整成一百三十，覺得狀況很好，主動要求醫師把速度再調快。戎撫天盡量了解節律器的功能，再從自己的身體狀況去揣摩與實驗，試著給自己多一點挑戰，看看是不是妥當；沒有任何不適的話，就再加一點，逐步把心跳速度調升上去。醫師檢查節律器的功能後也覺得很好，就這樣，跑步終於完全恢復正常了。

態度決定你的人生。有些事情碰到了，發生了，逃避、怨天都無濟於事，只有接受它，跟它和平共處，可能會有意想不到的結果出現。戎撫天剛開始也很哀怨，我已經跑了三十年都沒有停止運動，為什麼還會老化？發現它是不爭的事實以後就坦然面對，甚至去找答案，想盡辦法扭轉節律器的阻力，後來反而把它變成跑馬拉松的「速度控制器」，他不能跑

2011 MIZUNO 新北市萬金石國際馬拉松
WAN JIN SHI INTERNATIONAL MARATHON
11646

戎撫天提供

戎撫天提供

太快，只能用讓自己既適切又安全而且不至於吃力的速度來奔跑。了解它，不躁進，一步步朝夢想前進。

用汗水閱讀城市，用跑步重整思緒

如何讓自己能夠快樂地跑著，從世人都覺得無聊單調的事情裡帶給自己莫大的快樂，心裡想的都是快樂的事情，如果你是這樣的心情，那麼，跑步對你來說就不是一種挑戰，也不是痛苦的訓練，反而是充滿快樂的事情。當你覺得跑步是件快樂的事情，就是進入另一種層面，跑起來當然會覺得很輕鬆，即使把距離延伸成一場馬拉松，也會覺得「原來很簡單」。關鍵是「快樂」這兩個字，能夠快樂地跑步，跑馬絕對不是問題。

戎撫天的快樂奔跑紀事裡，他喜歡用汗水閱讀城市，出差旅行時行李裡一定有雙鞋子，用雙腳來了解這個城市，透過比別人快速的移動過程中，看到的人事物也比別人多，如果是搭車子「咻！」一下就過了，窗外可能就只是驚嘆一聲的流動風景，即使到定點觀光也可能匆匆一眼走馬看花，都是過眼雲煙，即便有留下印象，也流於淺薄或表面而已。

不如換上跑鞋吧，在馬路上奔跑去觀察一個城市會更深刻。例如，原本就對日本政治很感興趣，奈良初馬讓他別有一番感受，途中看到三棟非常華麗的政黨建築，當下就體會到，日本政黨跟台灣真的很不一樣。雪梨街頭看到很多人在跑步，市區裡有很多小公園，樹很多草很密景觀很美，到處都是讓人心曠神怡的跑步場所，造就很多跑步人口。台北跑步的人沒有雪梨多，上海比台北少，北京更少，他在心裡做了這樣的結論。跑在陌生的環境裡，如果跑起來舒暢愜意的話，美好的一天就從這裡開始，會帶著愉快的心情迎接工作。

或許被早期新聞界搶獨家新聞的龐大壓力綑綁，讓戎撫天變成一個孤單的熱鬧人，看似多彩繽紛的生活，內心卻很孤單。唯有跑步可以讓思緒盡情馳騁奔放，它是件孤單但不寂寞的事情，可以跟大家一起快樂地跑，也可以跑在人群裡但其實是一個人跑，更可以在很多的時候一個人獨享屬於你的跑步時光。

他喜歡在跑步裡設定一個主題，透過跑步邊思考邊整理自己的想法。「跑步時頭腦格外冷靜，利用這個時候去做些思考的事，效率很高，也很有效。」最美妙的是經常會有靈光乍現的事情發生。這些年來他養成一個習慣，跑步前閱讀，甚至刻意去看很硬的文章，在接下來一小時或更長的奔跑過程裡，自然而然，那些擷取到的資訊在大腦裡會自己去排列整合。

知道大腦的運作模式嗎？透過閱讀，會產生一些感受，大腦會找時間把你的記憶放到適當的櫃子裡去儲存。我們習慣在跑步時讓自己放空，如果先去閱讀，剛好空掉的大腦就可以幫你做整理檔案的工作，把你的記憶放到適當的地方，歸納整理後分門別類，放置在適當的櫃子裡——大腦的組織其實由很多個櫃子、抽屜組合而成，讓腦子裡那些亂七八糟的資訊去蕪存菁，陸續歸位後，接下來大腦就會把它連結起來，這時候，所謂靈光乍現或頓悟就這麼發生了。

每個人跑步的習慣不一樣，戎撫天會要求自己利用這段時間來構思文章的架構，跑著跑著雛形就出來了，跑完後馬上打開電腦，按照架構振筆疾書，很快地就完成一篇文章。

「其實跑步的時候，大腦可以做很多的事情！」戎撫天興味盎然地說著，有時讓大腦去流轉，想很多事情，像幻燈片一樣快速播放著；有時候訓練自己集中心思專注在一個念頭上，有時候會變成空，有時候念頭一直都在，就不斷圍繞著這個念頭用力去思考，靈感就是這樣出現的，後來研究後才知道原來這就是動禪。

六十一歲在日本奈良完成人生第一場馬拉松，筋骨回春了，臉色紅潤了，肚子變小了，身體輕盈了，精神變好了，戎撫天整個人脫胎換骨。膝蓋退化可以解決，心臟退化也能克服，年齡更不是問題，只要下定決心，沒有什麼可以阻撓得了他，越是嚴厲的考驗，戎撫天越覺得有趣，只要按表操課，扎實練習，揮灑汗水，縱然身體有缺陷安裝心臟節律器，未來仍有無限的潛能！

出去曬曬太陽吧，用雙腳奔跑在地上，會有意想不到的美麗人生正在等著我們。

跑出身體的第二春

—郭豐州的觀察—

看到小魚描述對戎撫天先生先前的印象，我不禁會意地一笑，我對他的印象也是如此，因為令我印象深刻的是遠在台灣還是戒嚴的時期，每當中央部會級官位有變動時，前一、兩天就會有他的「專欄」，意圖很明顯，是用來放氣球看風向的，如果大家沒有強烈的反對聲浪，隔一、兩天政府單位就正式發表佈達的消息。總是想像這位接近權力核心的報人，一定有著宮廷的身段與嚴肅的臉龐。說到戎老立刻還想到我的學長周金鐸，昨晚我特地去一趟路協，幫他拿回台北富邦馬拉松賽七十歲組第七名的獎牌，還請他吃飯替他慶祝。

老年人（我國的定義是六十五歲以上）是不是可以跑馬拉松？會不會傷身體？有好處嗎？看看這兩位「老人」，答案就很明顯，戎老的狀況小魚描述得很清楚了，周學長的情況似乎好一點，不過他也是從六十歲開始跑的，剛開始他用走的走了兩圈就需要休息，個子高，但是大腹便便，如今他臉色紅潤，小腹平坦，又高又帥，看起來時光停留在六十歲那一年。

我發現兩位前輩都很科學地循序漸進練習，跑馬拉松的練習課表也確實做到，一般建議準備一個馬拉松要八至十週以上，從每週五十公里開始，慢慢把里程累積到八十公里左右，周學長更遠從賽前十六週就開始，一週三至四次的練習，每次距離從十公里開始，每週拉長三至五公里，賽前有二至三次進行週末長距離三十至三十五公里的練習。

不過周學長還是碰到點難題，他免疫力降低時會長泡疹，有經驗之後，他買一瓶B群維他命補充，每天一顆，吃到賽後一週才結束。年紀大的人免疫力比年輕人差一些是正常現象，我建議他課表強度不要直直上，大約連續加量三週之後，第四週量降下來讓身體休息一下，例如第一週五十公里，第二週五十六公里，第三週六十公里，第四週回到五十公里。如果身體支持不住，不妨減為兩週後就降量休息。休息一週之後，再繼續開始增強運動強度，其實一般人的訓練課表也是如此，需要在一段時間後降量，讓身體適應休息，才不致產生累積性傷害。每週加量不休息，容易提早爆掉，也就是在比賽前就因疲勞過度而狀況走下坡。

周學長在進入練習階段就會發現可以停掉一些慢性病的藥了，因為病況會改善，老年人都有膀胱和攝護腺問題，跑步時會鍛鍊下部附近肌肉群，有實質的幫助。我還建議老年人不要忘了做重量訓練，肌力的衰退會容易疲憊和受傷。年紀大的人更需要做重量訓練，維持肌力，讓退化速度變慢，周學長每週會騎飛輪鍛鍊大腿肌力，是非常聰明的做法，他會開始騎飛輪也是我建議他克服膝蓋不適的方法，大腿肌力（尤其是膝蓋上方的股四頭肌）夠強，能分攤身體加諸於膝蓋的力量，避免膝蓋出問題。戎老更令人佩服，身上裝了心律調整器還這麼勇敢，尤其不魯莽地逕行去跑，而是跟製造廠商和醫師反覆商量實驗，在進入老年時，創造自己身體的「第二春」，很值得我們效法。

第三章

女生加油！認真的女生好美麗

都說認真的女人最美麗，有勇氣挑戰馬拉松的女人跑步時的容顏，更是讓人感動，我忍不住想為自己，也為每一個認真奔跑的女生，衷心地高喊一聲加油。

美麗不是別人能夠給妳的，尤其是過了青春期以後，都說只有懶女人沒有醜女人。也許妳可以勤快保養，只要花大把鈔票，或許能夠換來青春與美麗。當然，妳也可以用自己的雙腳，跑出健康又美麗的人生。

我心目中永遠的超馬女神夢姬姊姊（林夢姬），以及去年底在東吳五彩跑道又刷新自己的世界紀錄的工藤真實，身分證上的年齡已經六十歲與四十八歲了，可那臉蛋、那容貌、那姿態、那神采、那一身美麗的線條，橫看豎看都只有三十來歲的樣貌，難道是歲月遺忘了她們，忘記在她們身上刻下痕跡？我想，之所以打破年紀的框框，變成讓人為之著迷的超馬女神，肯定有絕世珍貴的保養品吧。這罕見稀有的保養品，就是不停地奔跑。

貴小蓮跟明珠也是渾身散發出迷人的魅力，那是超越形貌的氣質，一種歷練之後的深層智慧與豁然開朗，認真而執著，自在而優雅，豁達而爽朗，真的很美！

跑步界最夯的紅衣女賁俊蓮

這真的是一個怪怪女生，賁俊蓮。

光「賁」這個姓氏就夠奇特，人家叫她「三隻牛」，隊友叫她「噴仔」，她都笑笑地接受——這樣叫女生好像不太秀氣耶，可她並不在意。

在風很大，景色很美的澎湖，招牌笑容悄悄隱退，一不小心會露出小猙獰的面貌——噢，其實是認真而專注，目不斜視地奔跑著，把所有人狠狠拋下，奔進終點也奔上獎台，拿下女子組總冠軍榮耀。

正當來自全台各地的祝福聲才剛剛發酵，絡繹不絕在傳遞途中，鞭炮還來不及點燃，她又在下一馬中「恢復」南台灣姑娘淳樸、親切、帶有鄉土味、笑聲不斷的樣貌，在關門前開心達陣。

她可以奔馳如風，不顧一切掙到那得來不易的榮譽與獎金；也可以談笑風生，沿路跟每個人放送她的魅力與熱情。可以第一名，可以墊底，甚至也可以落馬，不管是哪種速度的她，都是真心而且用心在跑著，因為，她打從心底喜歡跑步，愛戀跑步，征戰全台灣的馬場而且大小通吃，全台灣最愛跑步的女生無庸置疑非她莫屬——第一個領走兩百馬獎盃的女生，紅透半天邊的微笑紅衣女。

別以為這個瘋狂愛跑步的女生應該是黑黑的，走的是帥氣的中性打扮。錯！她可是百分百很愛打扮的嬌媚女生，不黑也很瘦，是個高挑又美麗的女子，明明是去參加比賽，她會像赴一場晚餐約會般盛裝前來，跟馬場上的她，兩樣風情卻一樣迷人。

去年十一月下旬沒有陽光的早晨，在台北新店溪沿岸的河濱公園，大批人馬簇擁著一個穿著新潮時髦的跑步服身材曼妙的女郎，在艋舺馬拉松形成壯觀又熱鬧的景致。奔抵終點時歡呼聲更是響徹雲霄，歡慶「陌馬」的賁小蓮人氣破表，從身邊走過的人都會被她身上的「毒素」給感染了，怎麼可以跑得這麼開心？

這個女生幾乎天天跑步，人家都還在被窩裡呼呼大睡，甚至夜貓族正在進行精采的夜生活時，她已經摸黑出門，四點不到就輕輕巧巧縱身躍入澄清湖，一個人在暗夜中就著柔和的燈光，緩緩前進。

她的腦裡是一部文字製造機。明明每天是千篇一律的路線，一樣是她最親密的台灣百信建材慢跑社隊友，一樣做著不變的跑步動作，偶爾會有四面八方慕名而來的跑友加入，兩小時在晨曦微光中的跑步，在小蓮筆下變成一篇篇最美麗的詩章。

應該有很多人跟我一樣偷偷躲在螢幕前，閱讀著她的跑步日記深深被吸引吧，或受到鼓勵邁開步伐跑出自己的節奏，或偷偷心疼這個外表堅強但內心很纖細又敏感的女子，究竟承載多麼巨大的悲傷與無法負荷的愁——

幸好持續奔跑的她，過往的千迴百轉，在汗水奔流中漸漸稀釋了，淡薄了，釋放了，放下了，她跑出屬於自己的美麗人生，亮燦燦的笑容多了，即使心情偶爾還是會有起伏，難免會傷心流淚，但哭過之後的天空更加澄澈清明，那顆曾經斑駁滄桑的心變得輕盈而爽朗，一股新生的力量在她身上汩汩湧出，小蓮正以一種致命的魅力席捲台灣跑步圈，讓人無法自拔深深喜歡上她。

真是愛極了這個怪怪女生，在我眼中，她擁有無以倫比的美麗，源起於她那顆美麗的心。

向那些招手的人走去

二〇〇三年四月三十日是小蓮很珍惜的紀念日，那天，她走向百信，從此她的人生轉個彎，視野更開闊，跑遍整個台灣，也跑進偌大的世界。她的幸運在這裡展開，受盡寵愛與照顧，也可以包容她的任性，甚至，她一度想遠遠地逃離。

但這些都過去了，因為擁有百信這個溫暖的家庭，她擁抱滿滿的幸福，捨不得放開，怎麼也捨不得離去。

小蓮很小的時候就一肩挑起全家人的早餐，那個時候家裡使用電爐，一鍋水要煮很久；賁爸爸管教小孩很嚴格，不允許他們太陽出來了還在睡覺，要他們分擔做家事，負責做早餐的小蓮每天得摸黑起床，也讓她養成早起的習慣。

跟澄清湖的淵源很奇妙。一百七十公分的高個子又搭配七十公斤的體重，讓她看起來既大隻又壯碩，心想，該運動了吧，總不能這樣放任下去；網球、羽球、排球等球類運動都要球伴，也需要技巧，對她而言有執行上的難度。認真思考後，覺得跑步很簡單，既不需要技巧也不需要有人陪伴，她終於找到最適合自己的運動。

澄清湖六點前不收門票，就這麼決定了，在天光未明之際來這裡奔跑，美好的一天就從風光明媚的澄清湖開始。剛開始一個人低頭默默地跑著，穿著寬寬大大的七分褲，看起來就是個外行人；第三天，就看到一群人很友善地向她招手，「也不會嫌棄你很醜，就慢慢跟他們一起跑了。」原來這是小蓮跟百信結緣的經過。

這群愛跑步的朋友都不是運動底出身，就是每天早上自動出現在這裡報到，一小時不嫌少，兩小時不嫌多，所謂的配速、間歇訓練或是非得要跑多少的長里程課表，這些都不會出現在百信。他們沒有執著在有效率的練習，而是單純地把跑步融入生活裡，每天持續不斷用一種不快的速度跑著，兩小時可能只跑十六至十八公里，但天天跑下來，月練習量也會達到三、四百公里，甚至更多。

百信給小蓮的觀念就是多練習，盡量要求自己多跑一點時間，對不是選手的一般人比較容易入門。她覺得他們的理念還不錯，「這樣的方式比較適合我，也比較輕鬆。」於是小蓮跟百信其他人一樣，成為晨曦中的澄清湖特殊「景致」之一。

剛開始跑步前三年她睡得很少，一天只有睡兩小時而已，好像不太需要睡覺；漸漸地，意識到充足睡眠的重要性，現在會勉強自己早點睡，看看書就睡了。跑友笑她過著老年人的生活，為了跑步而且跑那麼多，有時候要捨棄一點娛樂，就看你甘不甘願這樣做。

像我這樣的夜貓族，有時候一不小心又摸到凌晨三、四點，免不了會一陣心虛，「啊

攝影/陳世偵

攝影/涂宏榮

呀，我很崇拜的小蓮已經摸黑出門跑步了，妳怎麼還在混？」身為一個跑者，就得力行早睡早起的簡單清新生活型態，才能跑出一身健康來。

小蓮原以為跑步很簡單，開始參加馬拉松以後才發現，其實還滿困難的。要怎麼在這麼長的距離裡做好全程的力氣分配，姑且不論要怎麼配速，那是高手世界非達到不可的要求，我們很難做得到，可是，要怎麼跑完42.195K還可以覺得很輕鬆，很愜意，最起碼抵達終點時還要帶著微笑。這也是小蓮寧可平常跑得很勤快的原因，天天跑同樣的地方，跟同樣的一群人說著同樣的話，別人可能覺得很無聊，她卻一跑就愛上澄清湖，或者更正確地說，她愛上的是這群人一起跑步的美好時光。

她不僅甘之如飴，還能在相同中找出不同的樂趣，以她細膩的心思跟動人的文筆，寫出一篇篇小品文，讀來像春風拂過般舒服而愉悅。這是很多跑者的精神糧食，三天見不到小蓮在跑者廣場上出現，會讓人不太習慣，好像少了什麼呢！

收藏兩百馬的美好回憶

用八年的時間，她在一片驚歎佩服中領走「百馬獎」，全台灣最愛跑步的女生非小蓮莫屬，各種大大小小的戰役都看得到紅衣女的身影，二十四小時也跑，一百公里也跑，希臘七日賽也飛出去跑，十公里路跑也會來台北跑，而且都跑得很開心，「無役不與」用在她身上再貼切不過了。

在小蓮身上看不到所謂的定律，她總是笑笑顛覆掉，樂此不疲地趕場，今天在花蓮花東縱谷奔跑九十四公里，當天晚上跟跑友開夜車直奔梨山，即使熬夜沒睡也不放棄任何一場賽事，除非身體出現狀況才會捨棄。有人看著這樣的她覺得太over了，身體過度操勞，怕會負荷不了，造成無法挽回的傷害；有人說跑太多成績無法精進，難怪會劇烈起伏，穩定度不佳……

其實大家看到的都只是表象而已，小蓮心中自有定見，她很怕死，一有不對勁馬上就「放掉」，不會死要面子，也不管別人如何虧她，嘲笑她，她都嘻嘻哈哈全然接受。通常專攻超馬賽的跑者會放棄標馬，或者減量經營，很少出現在馬拉松嘉年華賽事裡；可百信人卻是長短通吃，他們沒有差別心，標馬、超馬一律等同看待，跟大夥兒一起同樂是他們共同的興趣。

小蓮跟隊友都是以跑業績掛帥，她始終覺得選手型的跑者太拚，體能消耗很多，當然要有所取捨；多數人以玩票性質居多，也有很多人不喜歡連馬，每個人想要的不盡然相同，還是要量力而為。都說連馬很傷身，不容易跑出好成績來；可說也奇怪，她的好成績都出現在連馬，顯然沒有絕對與必然的常理可循，關鍵在於，個人的生活態度與跑馬觀念。

平常充分休息很重要，不偏食不節食，不是美食家的小蓮笑說自己的食量很大，不會為了身材讓肚子挨餓，跑步讓自己可以安心地吃。除了吃飽睡足之外的簡單生活哲學之外，落差很大的她完全置個人的面子於度外，賽場上一察覺不舒服，馬上就調整速度，停止奔跑改用走的，一點也不會勉強自己。

放得這麼開，經常會跑出一個讓人目瞪口呆的成績來，沒有常理與脈絡可循。她卻笑笑地說，「三小時四十分我有努力，五小時五十九分我也有努力，當然也有落馬過，但我真的還是有努力啊！」萬金石、國道、北海道薩羅馬湖都有過落馬經驗，花東縱谷更是她的「罩門」，從來就沒有完成過，二十四小時始終跑不出好成績來，歸根究柢，小蓮覺得長距離賽事一定要充足的練習。

沒志氣的背後隱藏著智慧

對初跑者而言她不贊成連馬，百信在前年來了個很可愛的大學生葳寶，經驗值還不夠，跑完馬拉松的疲勞度相對較高，恢復力沒有那麼快，就不鼓勵她跑八小時超馬賽；資深老馬蔡總（蔡坤坡）是「妖怪」，跑長跑短在他身上似乎不太殘留什麼「遺跡」，恢復力很快，場場跑週週連馬，週末假日一連趕兩場也是常態，國內跑不過癮就往國外跑。小蓮舉了兩位隊友為例，連馬還是要看個人狀況審慎因應。

至於她個人所抱持的心態是，一點點勉強，但不要逞強，不要讓自己受傷。有時候前半場突然破自己的紀錄，半馬過後覺得不舒服了，二話不說馬上就放慢速度，「很沒志氣拚六小時關門回來」，沒志氣的背後，其實是隱藏著大智慧，要有放慢的勇氣。

隊友常開玩笑說，跑得快的人不一定厲害，或許有「微酸」的心理作祟（笑），可現實就是那麼殘酷，有人只出來一、兩年就消失不見，雖然有很好的成績，終究還是曇花一現。小蓮最大的志向是想要證明，跑馬拉松的腳或膝蓋不會特別容易壞掉，當然還是得小心保護自己，「我衝很快的時候，即使原本還名列前茅，只要覺得頭暈或哪裡不舒服，就寧願走路。」

可是有人面子掛不住，無法忍受自己吊車尾，甚至會覺得很丟臉，就會逞強硬撐，怎麼也要保住成績。小蓮就是這麼可愛與率性，才不會管別人怎麼看她，甚至永慢大老獅子頭（施文聰）還故意揶揄她：「實在很佩服妳的厚臉皮耶！跑得很好，大家給妳掌聲；跑不好大家笑妳，妳也不會覺得怎麼樣。」

她一點也不矯情，就是大剌剌地傻笑著，完全不引以為意，因為，她並不認為別人是在嘲笑，或許是神經很大條，剛好可以讓她樂觀接受賽事結果。

之所以從最早的澄清湖慢跑社變成以「百信」名號成為台灣知名度最高的社團之一，小蓮肯定是頭號行銷公關大將，幕後主要的支持者呂董（呂忠明）也是受人尊敬的企業家跑者。每次跑者廣場出現一片謾罵聲，矛頭指向某場賽事時，小蓮就會跳出來「緩頰」，他們總是認為有馬可跑就要心存感激，這樣的觀念其實是來自於呂董。

呂董最常交代的一句話就是「補給很差靠自己」，不要去抱怨補給差，辦賽事很辛苦，甚至沒賺錢，那就當成休閒跑吧，平常不也是自己要帶補給品，要感謝人家辦一場賽事，要心存善念，沒有人想辦一場讓大家罵到狗血淋頭的賽事，要相信主辦單位一定會改進，未來會越辦越好。

或許這就是小蓮乃至於百信之所以這麼受歡迎的原因，他們總是正面思考，用寬容的心去看待馬場上的種種。「可能我們看的層面比較淺吧！」她這樣解讀著，我嘴角浮現一朵淺淺的笑，好可愛的一群人。

跑步讓悲傷漸漸蒸發

這麼感性的女生，外表堅強，像個傻大姊總是咧嘴大笑著，其實內心纖細、悲觀又脆弱，總是在文章裡看到真情流露的她，坦率而真誠，不會隱瞞，以前經常在文字裡看見她大哭，或者是靜靜地淌淚。「我有時會低頭飲泣，我也會昂步向前。我有時掩不住心裡的悲傷，我有時會假裝堅強。只能走著，就是走著。」這是小蓮的文字，看了會讓人揪著一顆心，眼泛淚光，很多人在背後竊竊私語，流言傳來傳去，猜測她是不是跑太多，跑到最後婚姻不見了。

她勇敢地寫出來。「以前有人批評，跑步的女生大多不是未婚就是失婚。曾經不信邪，曾經很努力，曾經想要有別人口中八卦之外的幸福。無奈還是有了不好的結局，無奈好像成了不良的示範。」怎樣的一名女子呀，難道說，跑得多、跑很大的女生，就會衍生出較多的問題？小蓮覺得很不甘心，終究還是走到這樣一條路，她知道自己的問題在哪裡，會出狀況不是單方面而已，大家都有錯，導致最後無可挽回的是溝通方式有問題。

當然她覺得自己有做不好的地方。有時候生活走不下去了，需要有個寄託，她寄情於跑步，封閉心靈，冷漠以對，漸漸地疏於溝通，築起一道高高的城牆，再也無法跨越了。人云亦云，會為你扣上一頂莫須有的帽子：「喲，妳就是因為跑步才會這樣……」小蓮覺得這是她對不起跑步的地方，真的是非戰之罪哪。曾經有個婚姻學者離婚了，別人批評說他講的那一套都沒有用，他淡淡地回答：「我知道怎麼溝通，但是對方不願意跟我溝通！」真相可能會有很多樣貌，如人飲水冷暖自知。

看樞機主教單國璽的傳記《活出愛》，小蓮捫心自問，這一輩子如果有讓自己悔恨的事，就是「沒有更用心」，但跟跑步無關，相反地，跑步反而有治療她的心理，不然今天的小蓮就不是這個開心的樣貌。她覺得心安理得，還滿對得起自己，至少她有努力過。

跑步變成別人攻擊她的藉口，不跑步的人聽了後點頭如搗蒜，深表贊同，就不會原諒對跑步深深著迷的她。只是，如果不是在跑步中獲得釋放，治療她的心理狀況，塑造出一個嶄新的、有自信的、堅毅中不失柔情的小蓮，或許她從小根深柢固的悲劇個性就不會獲得救贖與逆轉，會陷入自憐自艾的負面情緒裡：小時候是個失敗的人生，長大後怎麼又是個失敗的人生？她有一點悲觀的心理作祟。

小蓮在跑步中找到很多樂趣，她覺得很好玩，在某一方面不要太專心，尤其是參加馬拉松賽事時，太過專注在跑步這件事情上，會覺得時間很難熬，里程很難過。她比較會分心，容易悲觀，也很容易滿足，微不足道的小事都足以感動她，例如，看到一棵長出新綠的樹，看到今天的水很漂亮，路上遇見一隻彩蝶，都會讓她覺得心情很好。

好個忘掉里程的分心法！小蓮把注意力投注在對大自然的環境上，或者，大量閱讀更是跑步之外最喜歡做的事情，每次到外地參加比賽，她的行囊裡都會帶著一本書。有人講過，每天都是跑在同樣的地方，有什麼好寫的？小蓮覺得書寫日誌就跟跑步一樣，都有自己的考驗，總覺得自己對百信毫無貢獻，唯一能做的就是透過她的文字把他們每天在做的事情寫下來，哪怕跑得再累再辛苦，也會很用心思考要寫些什麼。

這是她對百信的回饋，也因為小蓮每個月新開的跑步日誌話題，讓他們擁有驚人的「收視率」，世人對百信幾個活躍的成員一點都不陌生，澄清湖先生朱文庸、胡木成教授跟夫人秀玉、葳寶、糖小粒（唐力）、飛龍（李金龍），當然還有葩馬名將蔡總跟陳文華隊長，在她筆下個個都成為馬場上的大明星。

晨光微曦下的美好時光

澄清湖也成為一個人文薈萃的好地方，來到高雄，很多跑友會前去一探究竟，往往都被當成神祕嘉賓般高規格接待。會擔心自己跑太慢跟不上這群勇腳的速度嗎？沒關係，百信絕對不會拋下任何一個人，是情誼，也是默契，是信任，更是相互支持，團練的時候如此，甚至在馬場上更是如此，他們會把自己的成績放兩旁，為其他跑友兩肋插刀。

我何其幸運，受到百信滿滿的愛與關懷，重返馬場的前三場賽事，如果不是被他們當成自己人看待，恐怕很難順利完成。

小蓮笑說他們最大的特色就是沒有練速度，每天都慢慢跑，有時候她的狀況好就跑快一點，但不會離開太遠，還是會回頭找他們。呂董總是會叫她跑自己的速度，不然得不了名次；這群朋友對她很好，不覺得跑這樣就會退步，而且，「就算會退步，也是心甘情願！」她很珍惜跟這群朋友一起晨跑的時光，要練速度就會自己另外找時間練習。

關於跑步的二三事，很多觀念也許已經在那個地方，我們都知道。只是，每個人的狀況不同，因人而異，必須適度調整，要知道自己要什麼東西，想要得名就認真拚速度，同時也要想辦法保護自己。可是，小蓮跑步的目標並不在於得名啊！她沒有想太多，也不會給自己過多要求，只是想追求一種自在的前進，希望終其一生都能像現在一樣，一步一步緩慢而快樂地前進，就這麼單純。

因為跑步，小蓮的人生一百八十度大翻轉，成為全台灣人氣最夯，人緣絕佳的女跑者。八年多來，她用跑步跑出一個更陽光更積極的人生。跑步可以很真實地面對自己，我們都是為別人而活，為五斗米折腰，為了家人以及你所愛的人，心甘情願為他們努力，很少有時間這麼專心面對自己。跑步很辛苦，但是可以透過跑步來好好愛自己，善待自己，在那樣一個寧靜、天未亮的清晨，可以在心裡跟自己講講話，想清楚很多事情，是如此靜好。

沒有跑步的小蓮會是什麼樣子？「不是憂鬱症，就是躁鬱症吧！」（笑）

跑步是一種傳遞愛的方式，人跟人之間的善意就在一步步前進之間連結起來了，跑過兩百多場馬拉松的小蓮，就這樣建構起一張綿密的人脈網絡，遍佈全台灣，都有她的粉絲以及有交情的跑友，儘管她的荷包有點輕薄，可是，她的人脈存摺卻很富有。彼此的生活沒什麼牽連，也沒有利害關係，就只是愛跑步搭起的橋樑，把大家牽在一起了，是這麼友善又正面，總是會講些開心的話給你鼓勵，跟職場上認識的朋友截然不同，可能愛跑步的人心裡都有一種與眾不同的快樂吧。

忍不住問小蓮，會跑一輩子嗎？

「是的，我願意！」她溫柔而堅定，俏皮而執著地說，希望和大家一起跑到地老天荒。我還在她身上看見一道幸福之光。

抗憂鬱的好方法

—郭豐州的觀察—

心理學家早就發現跑步是解除壓力的好方法，現代生活緊張，競爭壓力大，能換上運動服，跑上幾公里，在跑步過程當中可以得到機會轉換空間，也轉換心情。先前紛亂無解的問題會在跑步後有新的看法，獲得解決問題的靈感。

每天設定距離，今天比昨天多跑一點點，明天再比今天多跑一點點，都有助於建立自信，因為每天都在刷新自己的紀錄，每天都有「我做到了」的滿足感！對於較沒有自信的人是建立自信的好方法。

大家都很好奇超馬的跑者在漫長的跑步中在想什麼？被紐約時報譽為「超馬之神」的裘力克說他在跑步中其實會故意關掉腦子，也就是什麼都不想，只注意到眼前的一步又一步，也就是專注在當下，不去想幾小時之後的事。我也常先丟開煩人的瑣事，給自己一段腦筋空白的時間，往往在這段空白的時間之後，原先不知道怎麼做的事情有了答案。也有人找靈感解決手上的問題，從沿路景物中聯想線索，一位認識的數學教授同僚說他都不知道自己跑多久或者跑多遠，因為他跑步時常一直想數學解答。

小蓮在跑步當中留意周遭的草木生物，寄情於山水，也把負面的情緒逐一化解。這種心靈的對話在心理學家眼裡也是一種自我修復治療的過程。尤其是如果長期處於人群中團體工作的人，每天有一段時間能自己跟自己講講話，是有益於心理健康的。相反的有人平日工作是一個人工作，那麼清晨或傍晚一段時間和同一俱樂部的人一起運動，可以有團體歸屬感，不讓人際互動的社交技巧生疏。

原來我們運動時腦中會分泌三樣神經傳導物質——多巴胺、血清素和正腎上腺素。多巴胺和血清素都是屬於正面情緒物質，分泌越多越會感到愉悅，我們跑步時會有「幸福感」的由來就在此。抗憂鬱藥的作用有一部分在阻止人體回收「血清素」，為什麼人體需要分泌血清素又要回收它呢？難道上帝不讓我們繼續快樂下去？原來人要是一天到晚都處於很快樂亢奮的狀態也不好，情緒很high時心跳會加快，循環加速，但是人不可以二十四小時處於這種狀態，否則身體禁不起這麼消耗而會很快地出現問題（臨床生理上類似罹患甲狀腺亢進徵候）。還好這些神經傳導物質是短暫的，但是血清素還是可以讓我們持續快樂一陣子！不過，實驗發現只跑步三公里不會有幸福感效果，需要維持一段長時間，時間約在六十至九十分鐘時開始大量分泌多巴胺和血清素，無怪乎百信的人每天早上都要跑上兩小時，有道理了吧?!

盧明珠帶著招牌微笑挑戰極限

一個女人，既是個媽媽、妻子、媳婦、OL，光這麼多身分已經夠忙碌，如果時間沒有分配好，很有可能分身乏術，那麼，她還會有什麼驚人之舉，讓人瞠目結舌，嘖嘖稱奇的事跡？二〇一一年台東226超鐵賽女子組冠軍盧明珠，兩個月後又挑戰人生第一場二十四小時超級馬拉松賽，隔兩週又在冷颼颼的陽明山奔馳六十一公里山路，這個總是帶著微笑的奇女子身上看不到任何框框，只有永無止境地享受每次參賽的練習過程，她在不設限的人生裡取得最好的平衡，這比得獎還要驕傲！

究竟是原本就堅持執著的個性，讓明珠可以一再地創造驚奇；還是因為樂於挑戰自己，才會做任何事情都不會輕易放棄，堅持到底？很喜歡她奉行的人生哲學：「做自己喜歡的事情，把喜歡的事做好！」這是自己所選擇的一條「運動不歸路」，再巨大的挑戰再艱辛的賽事，她都開心去享受那樣的練習過程。

那天，突然瞄見牆上有張微微泛黃的紙，上面寫著：「二〇〇八年馬拉松目標」，原來這就是明珠進步的動力。一再強調自己不是天才型選手，也不會不自量力，但算是很認真的人，肯練習，會去找方法，接受了就努力去達到自己的目標。

那年她寫下兩個目標：馬拉松跑進三小時三十分，一百公里超馬賽成績進步，跟著嘉義市北回慢跑協會的前輩過著候鳥般的跑馬生涯，共同創造很多關於賽事的美好時光。明珠愛跑步，愛運動，愛看書，也很愛寫文章——百信貢俊蓮是啟蒙她跑馬拉松的重要關鍵，也讓她養成透過文字記錄心情樂於分享的習慣。

剛開始只是短距離跑步，明珠在跑者廣場看到小蓮的文章，成為每天重要的精神糧食與活力泉源。「每天在澄清湖跑步對我們來說好像世外桃源一樣，看起來也許是很簡單的事情，不過就是跑步而已，可是，把簡單的事情做好，就是很不簡單！」她很享受小蓮把每天早上跑步的心情以及發生的大小事情寫下來，或許是一種薰陶吧，漸漸地，她開始覺得，原來自己也可以跑馬拉松。

原來，找一個讓自己心儀的對象，也是激勵自己變成跑馬人的好方法。明珠對天天書寫，好壞都寫，永遠把自己最真的一面展現給大家的小蓮，心存感激，她鼓勵自己如果學到什麼，知識也好、心情也好，練習或參賽的過程也無妨，都要把它寫下來，回首來時路，看到這樣的自己，一路走來的點點滴滴，也會覺得收穫很大，成長很多。

明珠的初始心也是爬山，年輕時就迷戀上百岳，一座、兩座開始「撿起」，竟也累積了七十幾座。結婚後興致依舊不減，只是那個農曆年她跟同事要去南一段，在準備行動糧的時候隱約聽到婆婆擔心的聲音，老公也跟她提起，老人家不會擔心跑步，可是爬山哪難免會牽掛較多。她意識到既然跟公婆住在一起，就不要做讓他們擔心的事情，那就先暫時割捨三千公尺以上的高山美景，盡情奔跑吧！

她深信，人生好像鮭魚一樣，終究會回流到你喜歡的事情上，可能到五十幾歲還會重新回到山林之中。並不是移情別戀了，只是爬百岳要花更多時間，身為一個多重身分的職業婦女，現階段或許太過奢侈，相較於跑步就省時很多，一大早出門下午就可以回家，參加賽事頂多兩、三天而已，彈性更大，既可以做自己喜歡的事情，又可以兼顧跟家人相處的時間。

做自己喜歡的事，就會有源源不絕的動力

為了自己喜歡的事情，明珠願意付出一些代價，例如犧牲睡眠時間，調整飲食習慣避開一些東西不吃，只要可以達到目標她都願意做。為了準備一百公里賽事，她跟同樣住在嘉義的好朋友龔元香相約一週跑兩次半天岩，四點出發，共計三十五公里山路，六點半要趕回家料理女兒的事，打點完畢後再去上班；下了班還是要顧好小孩的功課，把該做的事情做完，不能只瘋比賽而已。

究竟是什麼樣的動力，驅使明珠能夠像八爪章魚般，樣樣都能兼顧，而且還跑出這麼大的成就來？（說成就真的一點都不為過，光是精神與毅力就足夠讓人用力喝采）。

「剛開始只是很單純地喜歡跑步這件事情。這件事，就會陪著你一直跑下去！」

明珠總是謙遜地說成績不好，第一場馬拉松約四小時四十左右（噢，這已經讓很多人心滿意足了），那時候是土法煉鋼，自己上網找資料，然後照表操課認真練習。都說跑馬拉松的週量要有七十公里，她就天天跑十公里，甚至明明隔天要比賽，為了完成功課還是硬去跑，把雙腳操得過度疲憊但效果不佳，才曉得原來方法不對。想要進步不外乎就是肌耐力跟速度，尤其是想要跑出好成績的人一定要練速度；不練也沒關係，但是肌耐力要夠，練習量增加也是不錯的方法，之所以要LSD就是要增加肌耐力。跟元香兩個女生的半天岩小旅行，百公里賽成績大躍進，往前推進一個多小時。

大膽公開跑馬撇步

進步的關鍵是什麼？明珠大方在部落格寫下「撇步」，自我解嘲「好大的膽子」，竟敢開這樣的資料夾。「我馬拉松沒有跑得很好，只是很愛講話，野人獻曝，班門弄斧，就是很愛講馬拉松這件事情。」她覺得「好康逗相報」，自己也是受惠於很多人，不如把它寫下來供大家參考，當然不見得別人的方法要照單全收，只是每個人都可以把自己當成白老鼠，多方去嘗試之後，找出一個適合自己的方法。

撇步一：參加社團。明珠建議可以採用漸進式，剛開始最好找些可以隨時揪的伴，相約一起跑步比較有動力；社團更是約束自己的好方法，藉由團練的力量來增加肌耐力。如果培養出自己一個人也會自動自發去練習，這時就是「進階版」，可以擬定自己的訓練課表。獨自練習有一個人的樂趣，只是偶爾難免會偷懶，很容易「偷工減料」，把練習量刪減掉；團體練習會有意想不到的功能，跑多了自然就會進步，有時候遇強則強無形中更精進。這也是明珠馬拉松不斷進步的動力——參加社團，每一次團練都不缺席，即使她得開車半小時，但是，「對我這種苦練型的人，真的很有用。」

撇步二：間歇訓練。想要成績大躍進就得下猛藥，這時候「質」的提升比「量」的累積更重要。亞索八百對很多高手並不陌生，初次接觸，明珠跑到心臟快要從嘴巴跳出來，直嚷嚷太辛苦了，當下決定放棄，自我安慰，這是高手的課表，我做不來！直到接觸鐵人三項，深深為之著迷之後，發現間歇訓練果真是受用無窮，再苦都要把它吞下去。

撇步三：自我鼓勵。每晚睡覺前對自己高聲呼喊「我明天早上四點鐘一定要起來練習！」三遍，不妨給自己找一個假想敵，或者一個挫敗的經驗，來激勵自己。有時候帶點情緒，反倒會衍生出奇妙的動力，例如憤怒、沮喪、逞強，這些都有可能在練習中轉化成興奮的開始，產生實質有效的進步。自我鼓勵，跟自己對話，透過一些情緒讓自己一步一腳印堅持下去，最好再搭配賽事的鞭策會讓你更勤快，效果更佳。

愛讀書，喜歡分享，很認真的明珠，她的撇步當然不只這些，總是會找出很多強化心智的方法，一些名人寫下來的句子都是她喜歡的心靈良方。她享受閱讀，可我也享受明珠筆下迷人的世界，很真，看了忍不住會為自己的潛在的懶散劣根性感到汗顏，尤其是那句：「當你不想跑步的時候，隨時可以找出一百個藉口來。」果真是當頭棒喝，一語中的！

享受準備一場賽事的過程

明珠之所以讓人打從心底折服的地方，不是摘下后冠這件事情而已，而是她對運動這件事情的態度。二〇一一年是最豐收的一年，她以第二次參賽的台東226做為主軸，這次，她轉化心態，跟自己說要喜歡練習才會有意義，效率才會提升，才會進步。時間就是被切割的，有時被迫得在大熱天去練習，當然是苦不堪言；她會跟自己打氣說：我的課表又完成了，肌耐力又提升了！給自己一個很正面的「喜歡練習」的信念，強行植入腦海裡，久了就會很享受練習。

第一次參加226，明珠很享受比賽的過程，新鮮、刺激、有趣，太有挑戰性了，最重要的是，一天就結束；但是，為了這天，得付出好幾個月的代價，準備的過程很漫長，真的很辛苦。清楚意識到自己不是速度型而是屬於耐力型跑者之後，明珠發現226這種多元的肌群訓練很適合她，只是她的練習方法錯誤，持續不斷做著練習，用比較勞累的方式來提升肌耐力，把自己操到過度疲累，練習過程讓她不舒服，心有餘悸。

既然要捲土重來，就得要找到正確的好方法。她調整策略，採用更有效率、而且更聰明的方式，假日的兩項綜合訓練，雖然時間跟距離較短，練起來一樣不輕鬆，但使用的肌群不一樣，透過這樣的轉換反而恢復力更快。三項的練習比馬拉松更多元化，游泳、騎腳踏車跟跑步之外，還要重量訓練，最重要的還得學習恢復能力，恢復狀況越好才能進入下一場練習，結果226反而讓明珠對時間的掌握能力更好，更有效率，因為它需要更大量的時間，課表更壓縮，如何在假日中午前可以完成，還能夠帶女兒上舞蹈課，全家人一起去散步，去玩耍，這些都是很重要的家庭活動，不能因為賽事而忽略。

參加226讓她更了解自己。明珠很享受這一年的練習過程，雖然很喜歡馬拉松那種嘉年華的熱鬧氛圍，但為了準備極限挑戰必須有所取捨，她擬定課表確實去執行，賽事選擇就會考量是否為了另一個賽事的練習才會去參加。就這樣，這一年她總共參加五場長距離超馬賽：高雄祈福百K、南橫關山百K、The NorthFace陽明山百K、三峽教育大學十二小時賽，以及年底的東吳國際超馬邀請賽。

摘下226后冠後，明珠把門票取得很不容易的二十四小時賽當成是「很大的恩寵」，她認真看待，心存感激。這麼精采滿點的一年，除了這些極限賽事之外，竟然還有一個很奇妙的人生體會——全運會初體驗，她既驚又喜卻萬分猶豫，心想「我可以嗎？」元香用了一個「誘餌」讓她不假思索答應了，因為可以賺到「經驗值」！老公笑她「走老運」，完全沒想過快要四十歲的人，竟然可以登上全國菁英學生的競技舞台。

龐大而溫柔的支持力量

世人都說台灣馬拉界四十歲女子組是高手雲集的「死亡之組」，因為三十幾歲的女生要顧家，顧小孩，如果還是個職業婦女的話，這段時間通常是沒有自己，是為別人而活，直到小孩漸大無須操心了，夫妻也步入空巢期，這個時候女生才有機會出去跑步，才會發現，哇！原來這是自己擅長的事。既然可以了無牽掛全心全意練跑，又可以把這件事情做得很好，自然就會跑出成就感來，成績進步也是持續運動的動力來源。明珠發現自己三十幾歲就可以出來跑步，家庭給了她莫大的支持，她格外珍惜與感謝，尤其是老公。

她覺得老公就像一座穩固的山，不管她做什麼事情，他永遠在背後支持著。只要她想做的事，跟他說一聲，他從來不會阻止，即使是練習到極度疲累跟他訴苦時，老公頂多會這樣回應：「每次都去做這種吃力不討好的事情。」他不會冷嘲熱諷，更不會潑她冷水。有個像山一樣的老公，還有很活潑可愛又貼心的女兒，以及總是會為她留熱騰騰的飯菜、很支持她的公婆，明珠可以無後顧之憂盡情去挑戰自我。

人生不要設限，不管到了什麼樣的年齡，只要知道自己喜歡什麼事情，勇敢去追求，現在開始永遠都不會嫌晚。對酷愛運動的明珠而言，她覺得這才是另類的放鬆管道，只要知道自己做什麼事情會獲得平靜，讓壓力找到一個可以釋放與宣洩的出口，那就盡情去做吧！她很慶幸，也讓自己活在當下。

「有太多機會當下如果沒有抓住的話，就一閃而過了。」

我總是想太多，時光就這麼蹉跎掉；明珠卻是機會來了當機立斷，報了名自然就會去練習。像原本限定二十名的NorthFace菁英賽讓她打消念頭，想說「怎麼都輪不到我」；在Facabook上看到同樣是超馬好手的蘿菈（胡肅敏）寫著寄出報名表了，腦海飛快閃過一個念頭：如果沒有寄出報名表，就永遠沒有機會了。她不僅入選，還漂亮完賽。全運會如果不是元香跟她說這是個「很好的經驗值」，可能就會錯過。

「人生不要設限，一旦設限了，就走不遠，走不長。」明珠相信只要肯努力，就會看得到目標在不遠處向自己招手；達到這次的目標，就會看到下一次的目標。她遇到一個大哥，六十歲完成226，還參加鐵人Ironman三鐵賽，他說過一句話，讓她當場就起了雞皮疙瘩，印象深刻。「持續性的運動是為了可以健康地老化。」大哥很享受運動帶給他的快樂以及身體上的變化。

是呀！人一定會老化，逃不開也避不了，如何健康地老化的確是很值得追求的目標。

如果我們都能領悟到，運動可以讓自己的生活與作息朝向良好的一方，如果連飲食習慣也一起改變的話，就會覺得，原來人生如此美好，原來運動可以伴隨著自己一輩子，原來我們不再懼怕老去。

運動讓她既理性又感性

熱愛運動的明珠很坦率，很真誠，很爽朗，也很感性。「運動很妙，會讓你變得又感性，又理性。」她這樣詮釋著。理性的是，必須在壓縮的時間裡把這些很嚴苛的課表吃掉，練習時得非常理性，要好好把握時間；感性的是，你更敏銳地感覺到自己缺什麼，擁有什麼，會更珍惜目前的關係，更深刻感受到自己如此幸運，又無比幸福。

度過刺激又豐收的二〇一一年後，明珠還有什麼樣的挑戰？向希臘斯巴達前進！這是超馬選手夢寐以求的經典賽事，很多國內超馬好手躍躍欲試，磨刀霍霍準備迎接挑戰，但很少人公開大剌剌說出來。明珠給自己許下一個遠大的目標，她不好高騖遠，會量力而為，目標一旦出現就會認真看待，「人生是一條不歸路，運動也是一條不歸路。」從爬百岳到跑馬拉松到超馬，然後又進入迷人的鐵人三項，明珠的運動路走得精采萬分，充滿期待。

不要給自己的人生設下限制，就是順著當時的情況勇往直前，前方會有不同的驚奇等著你。一直以來，明珠努力在家庭、工作、運動中取得平衡，支撐她的最大動力就是，做自己喜歡的事，把喜歡的事情做好。所以，她快樂練習，聰明練習，享受練習，再艱辛的賽事，她都微笑面對，因為，她總是滿心喜悅又非常開心！

攝影/飛小魚

盧明珠提供

間歇訓練

—郭豐州的觀察—

明珠二〇一一年第一次參加東吳超馬二十四小時賽就跑出一百七十三點九七公里的成績，顯示她很有長距離耐力賽的天分，一般首次參加有一百六十公里就是很好的成績。她在自述中提到她的練習祕訣之一是「間歇訓練」。它是跑步者提升成績最普遍的手段，不過也是跑者最常誤解的訓練方式。

間歇練習最讓人誤解的地方是許多人認為它是增快速度的方法，其實它真正的作用是「增強心肺功能」，跟速度沒有直接關係。當然心肺功能增強之後，可以跑得更快，但是認識真正的功能才不會進行錯誤的練習或者無效的練習。正因為它是心肺增強的練習，所以練習關鍵是：「快跑一段之後，在心肺尚未完全恢復之前就必須再開始進行下一段快跑」。快跑時的心跳必須到達接近無氧狀態，停下來之後，心跳必須在降到有氧區下限之前就又開始練習。

一般運動心跳分成四個區段：

區段	與最高運動心跳比例	二十歲的人為例
無氧區	百分之八十五—百分之百	一七〇—二〇〇
灰色區	百分之七十五—百分之八十五	一五〇—一七〇

有氧區——百分之六十五—百分之七十五——一三〇—一五〇
休息區——百分之六十五以下——一三〇以下
（最高運動心跳：二二〇—年齡）

以二十歲的人為例，在進行間歇訓練時，心跳必須達到每分鐘一百七十下，然後在休息時心跳降到一百三十的時候就必須立刻開始下回合訓練。因為心跳是很個人化的，所以訓練時求精確就必須帶心跳表，而不是按別人的訓練課表來跑。這項練習有幾個基本元素：

1．距離：短間歇（兩百米至六百米），長間歇（一千五百至五千米）。

2．速度：短間歇的時間可以先用自己五千米最佳成績換算成每四百米一圈的成績，扣除三至五秒。例如，自己五千米最佳成績是二十分鐘，則每圈是九十六秒，速度可以從九十三秒開始練習起。長間歇練習則以自己十公里最佳成績來算。有心跳表可以較精確知道速度，短間歇訓練心跳要達到無氧區下沿（最高運動心跳的百分之八十五），長間歇則在灰色區（最高運動心跳的百分之七十五至百分之八十五）。

3．休息時間：一般用快跑兩百米，然後慢跑休息兩百米，但是還是看心跳最準確，休息到最高運動心跳的百分之六十五就必須再起跑。如果用感覺來說，休息不可以長到「喘息略定」，而是還在微喘時就必須再起跑。

4．回合數：建議從一回合四趟開始，慢慢增加到四回合。每回合之間有充分休息，也就是心跳恢復到接近正常狀態。

正因為間歇訓練是心肺練習，而不是速度練習，所以間歇訓練不一定要用跑步方式來進行，如果平常訓練已經跑很多了，不妨使用騎飛輪或游泳來代替，讓下肢有機會休息。值得注意的是，當身體是水平狀態時，心跳會比直立運動少百分之十至百分之十五左右，也就是上面的表格中的數字都必須減去百分之十至百分之十五。

間歇訓練不能過於頻繁，一般跑者每週一次就足夠，年輕的跑者可以進行兩次，跑完隔天的訓練必須是低強度的課表，讓心肺也有休息的機會。心臟工作原理也是由心臟肌肉縮收在工作，我們速度練習的隔天有恢復跑，讓腿部肌肉有休養生息的機會，同樣的道理，間歇訓練的隔天低強度的練習，讓心臟的肌肉也休息一下。

第四章

快樂奔跑，跑出無悔的人生

跑步是快樂的。有一種人，只要開心跑步就好，不為成績，不求速度，只跑自己的節奏與步調，管他旁人像風一樣呼嘯而過，一次又一次想刷新PB（個人最佳紀錄），反正，我就是這樣奔跑著，無論何時何地，無論風吹日曬雨淋，我依然在奔跑著。

跑步就跟呼吸、吃飯、睡覺一樣自然，它其實是生活的一部分。

都說連馬不好會傷身，只要我不管速度，不管成績，不管旁人，只想要安全又適切，順暢又舒服，開心又愉快，輕鬆又自在，跑完42.195K的距離。這樣的節奏對我不快也不慢——可以像老貓陳一樣，邊跑邊拿著相機拍遍每一個擦身而過的人；也可以像有點臭屁的拖鞋俠，老是說跑馬拉松就跟吃雞肉飯一樣稀鬆平常。

一年跑三十馬又有何妨？我就是跑得很快樂！

因為跑步，我的人生很幸福。

陳世偵四十五歲愛上馬拉松

馬場上有很多隻貓，甚至悄悄組織起「貓貓家族」，有瘦身有成甩掉三十多公斤肉的唐小貓（唐力），有總是咧嘴微笑跑得很開心即使連跑十二小時也面不改色的宅貓蘿莅（胡肅敏），還有一個全台灣跑透透拍透透的熱血志工跑者老貓陳（陳世偵），四十五歲把持不住「出軌」了，愛上馬拉松還高分貝在各大媒體前高喊：「很幸福！」是真的很幸福，因為，有老貓的地方總是可以看到笑容可掬的愛妻陪伴，甚至兩人一起擔任志工為大家服務。

老貓陳是桃園一所很新、規模不大的會稽國中資訊老師，也是未來校長呼聲很高的人選。原本跟跑步完全沾不上邊，一不小心讓體重緩緩堆疊到九十五公斤，肥胖後遺症爭先恐後來報到，容易頭痛，肩胛骨僵硬，全身都是毛病，假日哪裡也不想去，整天宅在家裡不是看電視就是上網，變成不折不扣的宅男。

媽媽中風對老貓無疑當頭棒喝，臥病在床動彈不得的痛苦，把沉睡的老貓給喚醒了。他心頭一驚，如果再放任自己惡性循環下去，哪天倒下去了豈不是會連累家人？他頓時大徹大悟，一躍而起，穿上跑鞋到旁邊的國小去跑步，他想挽救自己的健康。

太胖了跑起來當然格外辛苦，才兩、三圈就氣喘如牛不想跑了，老貓沒有放棄，他每天多跑一圈，慢慢地終於可以連續跑二十圈也面不改色，可以奔跑的感覺，讓他的生活開始增添了不同的色彩。二〇〇八年四月參加人生第一場路跑賽，原來自己可以輕易跑完八公里；隔不到兩週，八里左岸的十公里也輕鬆落袋。

那年的富邦馬，老貓縱身一躍，跳入馬拉松這個浩瀚無垠的大海裡，短短三年已經抓下超過六十馬，完成百馬是他短期的目標；先儲備足夠的能量之後，下一個更大的目標是當上校長，他知道人生有時必須面臨取捨，校長身上肩負的責任更重大，如果夢想達成，勢必會排擠掉跑步的時間，屆時要跑一場馬拉松說不定會變得很奢侈，那就趁現在可以跑的時候盡情奔跑，讓自己的馬數迅速增加吧。

建國一百年，他卯起來跑，下半年更是場場連馬，像拚命三郎般南征北討；但他也不是全然莽撞不傾聽身體的聲音，一有不適馬上做調整。接收到疲倦的訊號之後，老貓馬上改變策略，決定放棄聖誕節前夕在風光明媚景色怡人的陽明山奔跑六十一公里多，可他也沒閒著，既然不跑，那就改當志工！

這就是老貓之所以在馬場上擁有高知名度，而且人緣好到爆的原因。如果要找出熱血志工代表，肯定榜上有名，不認識他也很難。當然不是因為體積龐大，能見度高——跑步後的老貓體重降到八十五公斤就踢到鐵板，降不下去了，他笑稱因為嘴饞忌不了口，跑得多還是穩如泰山，不過身體狀況改善很多，新陳代謝機能變強，整個人也變得神采奕奕，活力十足。人生還有什麼比健康更重要的？可以這樣輕快無負擔地跑著，假日有馬拉松就當成跑步旅遊，何等幸福！

全家一起跑

跑步跑出興趣，在體內點燃一把火，越燒越旺，老貓對跑步那股強烈的熱情，連帶為小小的會稽國中帶來健康形象大大的效益。學校把他的故事推上檯面，想說在升學主義掛帥的年代，健康其實是個不錯的清新訴求，原以為只有地方新聞前來採訪而已，結果「四十五歲跑馬拉松很幸福」的故事吸引各大媒體爭相報導，老貓一夕之間變成家喻戶曉的跑步名人。

他依然秉持著初衷，就是一顆很單純愛跑步的心，自己跑得很開心健康，也開始感染周遭的人，包括家人、學校同事，甚至學生，希望這顆喜悅的心能夠感染更多人，大家一起來快樂跑步。對老貓而言，最幸福的跑步紀事莫過於全家一起跑步，在過程中他付出過也努力過，一步步奔向幸福，擁抱幸福。

開始跑步以後，宅男老貓消失不見了，每個週末假日他到處趴趴跑，兩個女兒很不諒解老是往外跑的爸爸，跟她們的關係也變得疏離而陌生；老婆雖然不愛跑步，倒是很樂意每天走路上下班，單趟約二十至三十分，也蓄積一定的體能，看到老公四處參賽她也跟著一起「發癢」，沒去過的地方就會一起去玩，當成紓解壓力的小旅行。

去年四月全家人首度連袂一起參與綠島馬拉松，老貓幫就讀高中的兩個女兒報名健康組，結果這個「試水溫」的決定讓她們玩得很開心，看到「有個瘋子可以跑那麼遠那麼久還樂此不疲」，慢慢地，她們終於接受了這個很熱中跑馬拉松的爸爸，原來，跑步真的有股說不出來的樂趣與魅力！

後來八月七日桃園有舉辦一場十公里路跑賽，老貓又動了念頭，全家一起奔跑的畫面讓他覺得自己是世界上最幸福的男人，只是心裡不免會納悶，女兒跑得完嗎？他還是幫全家都報了名，還祭出獎勵制度，鼓勵女兒跑完就給一千元當獎金；結果四個人都完跑了，老貓驚訝之餘倍感欣慰，那個身高一百七十一公分，走兩步路就喊腳痠的大女兒，竟然也能奔跑十公里。家人能夠認同而且全家一起來參加，老貓覺得工作、家庭都能夠兼顧，才能夠跑得長遠，而且，跑得很幸福。

學資訊，講究分析的老貓，歸納出為什麼要跑馬拉松的原因，包括：心臟血管保健最有效的手段，最好的有氧運動，減輕壓力的好方法，減肥的利器，隨時隨地都可以跑步，讓人感到愉快，低消費的娛樂。跑步讓他養成早睡早起的好習慣，雖然體重只減少十公斤，但健康指數卻從原本的不及格百分之五十九，現在已經揚升到百分之九十，整個人覺得神清氣爽，隨時都處於有氧的樂觀狀態下。

馬場上的攝影紅人

促使老貓持之以恆跑下去的支撐，寫部落格以及為跑者拍照是兩股很大的動力，擠身百馬名人堂則是一大目標。很多關於跑步的書、網站都教我們，要開始跑步的最好方法之一就是把訓練過程記錄下來，老貓執行得很徹底，他的部落格寫滿他的跑步日記，每一場賽事的行前作業、參賽心得等心路歷程，分享給別人也記錄自己，透過彼此的經驗交流，很不錯

攝影/飛小魚

攝影/涂宏榮

的感覺。微網誌大行其道，老貓感覺到自己掛網的時間太長了，耗去太多時間，但他並沒有因此而荒廢部落格，屬於他的「百馬進行曲」持續在演奏中，未曾被Facebook或Plurk的洪流給淹沒。

最讓人津津樂道的是，老貓練就一身邊跑邊拍照的好本領，成為「產量」最多的馬拉松拍照達人。剛開始拿小相機跑步只是為了拍風景寫部落格，跑久了越來越輕鬆，可以好整以暇看兩旁的風光，看人，哈啦打招呼還不夠，索性幫跑友拍起照來。一場馬拉松跑下來，記憶卡裡已經存放兩千多張照片，有時候四個多小時就完跑，他沒有休息，馬上又找到最好拍攝位置幫後面的跑友留下珍貴的影像。

一場賽事經常舟車勞頓，路途遙遠，老貓好像有用不完的精力，一點也不覺得累，再多照片他都三兩下清潔溜溜，用最快的速度上傳完畢，提供既快且精準的照片給大家。欸，他可不是單純的攝影志工，那場賽事他也是個跑者，可是，他卻可以邊跑邊完成志工任務，封他是知名度最高的馬拉松攝影玩家絕對當之無愧。

二〇一一年老貓跑了近三十場馬拉松，第一次挑戰百K超馬賽，第一次到國外跑馬拉松，第一次在空氣稀薄的合歡山跑馬，第一次成功「誘拐」老婆完成人生初半馬，第一次……有太多深刻又難忘的回憶。但也不是場場盡如人意，也會有馬失前蹄的時候，可是，在哪裡跌倒就要在哪裡站起來，老貓決定今年捲土重來，返回南橫關山一圓他未竟的夢。

跑完高雄新福百K後，那種痛苦指數讓他把頭搖得跟波浪鼓一樣，直嚷嚷下次絕對不會再報了；沒多久又出現關山百K賽事，老貓馬上把痛苦拋到九霄雲外去，又「撩落企」。

不是想衝業績，更不是湊熱鬧，當時有一位女校長舊識，或許是因為校務運作不順暢往牛角尖裡鑽去，最後竟然想不開跳河自殺，這個消息讓老貓不勝欷歔，人生不必要太局限在某些方面，可以達到就全力以赴，可以追求就勇敢去追，沒必要拘泥在某些行不通的死路拚命鑽，鑽不出來只會作繭自縛，不值得呀。這個意外，讓他再度報名百K賽。

既然以「跑業績」為主，怎麼會「撈過界」去挑戰百公里？對老貓而言理由很簡單，因為沒去過南橫，想去看看風景，跑不跑得完是其次，去了再說。祈福百K也是同樣的心態，就傻傻地報名，傻傻地參加——很多人總是瞻前顧後，想太多就會讓勇氣越來越薄弱，想越多力量就出不來了。（噢！一箭穿心，正中小魚的弱點，想太多，這個不敢報，那個不敢跑，就這樣一場蹉跎過一場，滯留在原地踏步，裹足不前。）

傻傻去做，才會滋生連自己都意想不到的力量。從高雄跑到屏東四重溪的祈福百K，老貓在距離十四小時關門前九分鐘通過那道勝利的拱門，為自己增添一項前所未有的新紀錄。

傻傻去做慢慢跟著就對了

南橫關山出師未捷，還沒上場就不慎拉傷，他放棄比賽但沒有離開跑道，忍痛帶著相機去幫跑者錄下起跑鏡頭，咬著牙等到七點診所開門去打止痛針，很快地藥效發作了，他去租一輛摩托車還買一些甘蔗汁，自掏腰包花掉一千多元，騎上山去，當不成跑者沒關係，搖身一變馬上轉換成志工，邊補給邊幫跑友拍照。就這樣，老貓以不同的身分幾乎全程參與這任務後，他在心裡悄悄許下這個願望。

場賽事，他很慶幸自己有上山，把遺憾給抹去了，「明（二〇一二）年再來吧！」完成志工任務後，他在心裡悄悄許下這個願望。

從二〇一〇年到二〇一一年當中，老貓擔任總務主任職務，每天一早七點就到學校，晚上七點才回到家，邊做邊學習還要處理很多突發狀況或偶發事件，身心都比較疲累，時間也變得無法掌控，幸好愛跑步的他充分利用時間，跑步變成最好的抒壓管道，流過汗以後感覺身體健康許多，不然工作一直累積會導致身體不舒服，說不定還潛藏一些看不到的危機。

現在跑步對老貓就跟吃飯喝水一樣自然，即使太忙沒時間練習，他也能處之泰然，從不擔心會有落馬的可能，「慢慢跟著跑就對了」，就這樣，星光馬前一個多月正值最爆忙階段，月練習量跑不到五十公里，依然可以邊跑邊打瞌睡（平常九點多就睡覺呀）邊輕鬆完賽。果真是厚植相當的實力，對自己的身體狀況與心理素質充分了解，只要不求速度，慢慢跑沒問題，一定可以跑得完。

去年八月卸下行政職後，老貓像躍出魚缸的魚，在馬拉松大海裡怡然自得，悠遊自在，「業績」蒸蒸日上，百馬目標向前跨進一大步，照這種氣勢看來，大概再一年左右就可以達陣。先完成百馬，儲存足夠的能量，再繼續往校長目標邁進。老貓的人生節奏清晰明快，不貪心不躁進，循序漸進，逐步完成，因為跑步讓他很幸福，因為跑步讓他逐夢踏實，因為跑步讓他更盈滿更喜悅更歡樂，因為跑步讓他勇敢去追逐可以把握的夢想！

—郭豐州的觀察—

減重的主要配方

每一年東吳國際超馬二十四小時賽都吸引不少跑友的興趣，但是大會的競賽目標是「幫助每一位參賽者創下自己最佳的成績」，實驗的結果當跑道人數超過三十六人時，速度快的人必須不斷地跑到第二道去超車會影響成績。又因為是國際賽，所以國際選手名額和國內選手名額各佔一半，因此每年固然都有近百位跑友報名，大會只能邀請約十八位國內跑友參加。這些跑友都是成績優秀或者非常具有潛力的超馬新秀，但是有一群人例外，他們有「特權」，成績排不上前面，潛力也不一定看好，只因為他們的職業是「教師」。學校辦活動有理想性，不單只是辦比賽而已，而是推展超馬運動。老師是最好的身教典範，他能以身作則地去影響學生，發揮潛移默化的功能。我們看到老貓的例子就能了解大會的用意了。

他對跑步的執著影響了周遭的人，同事、親友和家人，的確！能全家一起跑步，光是想像這畫面就感受到他的「四十五歲跑馬拉松很幸福」，羨煞多少中年男子啊！「家家有本難唸的經」，這是有人生經歷的中年男子聽到都會同意的一句話。夫妻間年輕時親密的互動在歲月中逐漸褪色，成長中的孩子進入青春期，有自己的想法，有自己的朋友，再也不會像小時候一樣成天膩在懷中。此時，跑步這種正面的能量能吸引，也能感染家人，把夫妻間、把父子女間的關係重新潤飾、調和，以嶄新的形式凝聚一個家。

老貓從減重的動機開始跑步，是許多中年才開始跑步的典型。事實上絕大多數的減重配方中都有跑步這一味，美國知名談話節目主持人溫費爾德以渾圓的身材為標誌，她也警覺到體重過重危害健康，聘請專業健身教練開始減重，教練開的處方中很大比例是慢跑，八個月後，她完成了洛杉磯馬拉松賽。黑人的基因讓她不會太苗條，但是減重後精神好，節目收視率高，讓她蟬聯多年美國收入最高的「藝人」。

但是對於體重過重的人來說，一開始就慢跑並不好，如果身體肌力本來不夠的人，一下場就跑步，膝蓋一定會抗議，這是因為大腿肌力不足，跑步騰空下地那一瞬間的力量會全部加諸於膝蓋的緣故。因此，最好的方式是從走路開始，一段時間後，把走路速度加快，快到微喘的地步，持續一小時以上。每個人因年齡、身材、性別等個別條件不一樣，所以快走階段時間長短不一樣，一般在幾週後，會明顯感覺下半身肌力耐力都進步了，肺活量也增加了，此時你的身體會告訴你「我已經準備好了」，自然而然地就跑起來了。

話又說回來，所有高明的醫生的共同意見，想不生病最好的方法就是「預防」！聰明的你可不要到了體重過重，體檢的報告都是紅字才開始動起來，從年輕時就保持運動的習慣，趁著年輕時把運動的基本動作打好基礎，人生一路享受運動的樂趣，豈不更美妙？

陳慶順一雙拖鞋跑天下

二〇〇八年十一月初，跟荔枝大哥陳慶順相遇在浪漫的玉山塔塔加。那天，很冷，雨下個不停，大夥兒擠在東埔山莊圍成一圈圈吃「辦桌」，那晚的飯菜其實很簡單，吃起來卻特別香，一碗接一碗大口扒著；吃完了，回到大通舖天南地北地聊著，定睛一瞧，怎麼有張很熟悉的明星臉？乍看以為是那年正當紅的「海角七號」裡的水蛙，腳上穿著一雙隨時可能踢掉的室內草拖鞋，他笑笑說明天要穿它跑玉山半馬。

我的眼珠子差點沒掉到地上，心裡直咕噥著，「騙肖ㄟ，怎麼可能呀！」雨依然滴滴答答落了一整夜，完全沒有止息的跡象。冷到直打哆嗦，快要變成冰了，在雨中咬緊牙根奮戰時，有閃過這樣一個念頭，「荔枝大哥有跑嗎？」很快就被痛苦給吞噬了，都自顧不暇了哪來的能耐想起別人。

時隔不到三年，陳慶順變成大紅人，「拖鞋俠」名號不脛而走，媒體爭相報導，甚至還上了國際媒體，一場萬里長城國際馬拉松讓他的聲勢攀登到最高峰。原來這一切都是真的，三雙一百元、上頭寫著「盤石」的台灣製草拖鞋，不僅伴隨著荔枝征戰很多百岳，還台灣跑透透，百公里難不倒他，滿是階梯、而且坡度很陡的萬里長城也輕騎過關，一場又一場，等累積到第一百馬時打算去申請金氏紀錄。

這是一個素人跑上國際舞台的故事，原本只是平凡無奇，因為個兒小小的像荔枝一樣，從此就以「荔枝」名號行走江湖。國中三年級打掃時從窗上掉下來，手腳都骨折，頭部也受到創傷，幾乎全身都斷光光，大腿有複雜性骨折，開刀處理後長達一整年不能折也不能彎；等到一年後把裝置在裡頭的鐵片拿出來，卻留下無法彌補的後遺症。從此，荔枝再也穿不住鞋子，尋尋又覓覓，他找到一種最適切的方式，草拖鞋成為他的註冊商標，在山裡、在跑道上、在馬場，拖鞋俠的辨識度百分百。

原本只是愛往山裡走去，荔枝身邊有幾個熱中爬山的朋友，初相遇那一夜我們剛好住在同一間房，那七名「嘉義幫」的愛山者，熱情、淳樸、善良、好客，因為距離近，因為太愛山，東埔山莊成為他們的「後花園」，明明是上山來跑步卻帶了一籮筐美味食物，一鍋鳳梨苦瓜雞，一鍋什錦湯，還有濃醇甘甜的二十年普洱茶，那晚外頭冷颼颼，我的心暖洋洋，很幸福。

紅到海外的拖鞋俠

之所以愛上跑步，荔枝開口閉口都是有「龔冠軍」之稱的龔元香，二〇〇九年國道馬女子組總冠軍。元香找他一起去虎尾西螺大橋參加飛虎慢跑辦的第一場馬拉松，原本只是招手要他去練習跑，感受那樣的氛圍，沒想到從來沒跑過步的荔枝，一口氣就跑了十九公里，或許是經年累月在山裡出沒，讓他的肺活量很飽滿，扎下很好的基礎，跑起來也不覺得喘或

攝影/陳世偵

攝影/陳世偵

累；也或許根本就是「天生麗質」有跑步的天分，就這樣，偶爾在田野間跑個五公里的荔枝啼聲初試，差點抓下半隻馬！

師父元香叫他練個幾年再來跑馬拉松，結果才兩個月就去跑了，也許是有那股「憨膽」吧，荔枝就傻傻地跑，頭一次被人家追過去也會想追回來，不按常理出牌完全率性而為的結果，跑不動了只好「ㄅㄛ輪」——走路當步兵。

剛開始跑馬拉松的荔枝鬧了不少笑話。初半馬是風光明媚的太馬，那時哪曉得什麼是晶片，因為沒穿跑鞋無處可繫，只好把它拿在手上，經過感應區時蹲下去碰觸，造成大塞車現場亂成一團，很多受干擾的跑友忍不住破口大罵，瘦小的荔枝差點被踩扁。跑久了經驗老到，一條橡皮筋或鬆緊帶就把它綁在腳底；而且現在已經是馬場上的超級名人，應該不會挨罵了。

曾文水庫是人生第一場全馬挑戰，秩序冊上寫得很清楚——晶片要繫在鞋帶上。元香只好帶他去買一雙競賽鞋，叮嚀他鞋帶要綁緊一點。荔枝乖乖遵照師父指示，綁得緊緊的，犯了第一個大忌；今天買新鞋，完全沒試隔天就穿上場，釀成第二個致命的大錯。荔枝從來沒穿過跑鞋奔跑，心想來得及就好了，試也沒試；結果一穿上，綁緊，「厚，好痛！」他咬著牙撐完全場，果不出其然，跑完後兩隻腳都腫起來，整整「跞咖」（跛腳）一個星期，難受極了。

跑萬里長城之前，人們七嘴八舌，苦口婆心，交代荔枝一定要練習。他在二〇〇七年去過長城，對階梯賽道既不陌生更不擔心，「台灣跑友都說很難跑，要去訓練喔。我回答沒這回事啦，階梯哪有難跑，一點都不困難，『驟喝造（很好跑）啦！』」換來一堆詫異的眼光，世人罵他不正常，還揶揄他叫他要去看醫師。

比賽那天早上很冷，五月天只有十三度，荔枝面不改色，依然裸露雙腳穿著他的招牌草拖鞋，這麼招搖，當然會引來好奇的眼光，平路穿草拖鞋就已經很不可思議了，更何況有落差那麼大的階梯，跨兩步就掉了不是嗎，怎麼跑？語言不通根本無法多做解釋，荔枝只會一千零一句：「Taiwan！Taiwan！」這也算是行銷台灣的好方法。

其中有一段最險峻的黃崖關，旁邊是斷崖，路很窄只能容納一個人通過，全部的選手都塞在那裡，很多國外選手趁這個空檔幫荔枝拍照，好奇這個人穿拖鞋怎麼挑戰這場「世界難跑賽事」榜上有名的長城馬拉松。一段連續上坡後的急速下坡，坡與坡之間的階梯很深，一樣沒有難倒荔枝，甚至被「漢草很好」的西方人追過時興起了淘氣頑皮的念頭，「追回來吧，好玩嘛！」身輕如燕的他下坡速度很快，追人就像吃雞肉飯一樣，二話不說馬上加速前進，輕鬆輾過時獲得滿堂采，這時荔枝停下腳步轉過身，拿起Sony V8幫大家拍攝，他還邊跑邊拍邊玩呢。

那一夜主辦單位有舉辦選手之夜，一堆人簇擁著荔枝，找他拍照，觸摸他的腳，拍他的腳，完全不敢置信在萬里長城奔跑過後它竟然完好如初，而且還比一般人白皙細嫩。「就四十二公里而已，『慶菜造造』（隨便跑跑）耶！」這麼臭屁驕傲的語氣從荔枝口中說出來，卻別有一番鄉土真誠氣味，讓人無從反駁起。幾個澳洲女選手看到他腳下的拖鞋，喜出望外，把他抱起來高高舉起，台灣隊友笑稱「好處」都讓他一個人獨享了。

冷氣變成裝飾品

荔枝是個很奇特的人，一生沒為生活愁苦過，也沒上過班，日子就在喝喝普洱茶、山林裡暢快呼吸、四處參加馬拉松賽這樣的樂活人生裡，愜意自在地過著。

以前的他很懶惰，很懶得動，成天都窩在家裡吹冷氣，吹到身體的抵抗力變差了，動不動就感冒。姊姊勸他要常運動，不要太依賴藥物——天底下沒有什麼特效藥，只有多運動，作息要正常，身體自然就會健康。

幸好他沒有一直頹廢下去，開始走出家門往山林裡去，接觸大自然那種清新的空氣後，漸漸地戒掉過度依賴冷氣的習慣。跑步讓他的體質改善了，整個人煥然一新，性情也徹底蛻變，完全不吹了，冷氣被打入冷宮，變成一種裝飾品。自己的切身經驗，讓熱情滿點的荔枝忍不住想感染每一個人，他總是忍不住用力宣揚運動的好處，叫大家少吹冷氣，「再吹，就會讓你的身體每況愈下！」這不是恫嚇，而是千真萬確的深刻體認。

荔枝也是馬場上的奇葩，他沒有刻意去做任何訓練，賽前到底要跑一場多長的練習，他依然故我，率性而為，頂多興致一來，就跑一趟二十幾公里的距離，就這樣上場奔跑了，而且一場接一場跑下去，台灣頭跑到台灣尾，「跑馬拉松好像吃雞肉飯一樣，很簡單嘛！」他又語不驚人死不休地「嗆聲」了，讓人聽了恨得牙癢癢的，忍不住想給他「蓋布袋」，可偏偏他的眼神卻是如此無辜又無害，看不出一絲嘲諷訕笑的意圖。

「人們都說要跑距離，要跑多久的時間，我邊跑邊唱歌，真的不會累呀！」或許就跟他樂天派而且無憂無慮順暢的一生有關吧，做什麼事情都是輕鬆看待，不追求速度，不在乎成績，也不跟人競賽，就是輕鬆跑「業績」，不疾不徐地跑著，邊跑邊賞風景邊看自己的身體狀況隨時做調整，連馬也好，100K也好，他都不覺得累。

其實荔枝也不是全然漫不經心，沒把馬拉松當一回事看待，尤其是去年的兩場百K賽，他自有一套跟別人不一樣的訓練方式。有人天天跑，大熱天底下狂飆汗水猛練習，他卻輕鬆地喝普洱茶納涼著；有人每天十五至二十公里起跳，像拚命三郎一樣，他照樣在山林裡嬉戲著；有人說不用訓練啦，對你來講太簡單了，有人馬上跳出來叫他不要被騙。

每個人的體質不一樣，要充分了解後，找出最適合自己的方法。即使在面對百K賽事，荔枝還是維持既有的生活步調，只是他採取「以賽養賽」策略，週週跑馬，中間一定會去山林裡恣意奔跑三十公里，既可以讓心情舒暢快活，又把週量拉升到七十公里，這樣的練習足夠讓他面對百K超馬賽了。

五十一歲開始跑步，志在跑業績拿百馬獎，關鍵是如何讓自己跑得很健康，而且不傷膝蓋？荔枝有一套他奉行的最高指導原則：跑步一定要很放鬆，不要去想膝蓋會怎麼樣，越想反而會有反效果。爬山也是一樣的道理，他主張千萬不要戴護膝，除非受傷非戴不可，因為護膝一戴就會上癮，拿不下來了，反而讓血液循環不順暢。

跑步是最隨性自在的事情，什麼時候都可以去跑步，更沒有年齡限制，只要放鬆了，剛開始入門務必要放慢步，不用跑太多，不必在意公里數，慢慢跑就會提升你的體能與耐力，自然而然，就會不知不覺越跑越多，里程數漸漸提升。跑快或跑遠就容易受傷，因為肌耐力還不夠跑太久容易拉到筋，反而會累積一些無形的運動傷害，跑步這種事情看似簡單，卻急不得，欲速則不達！

百K也不費力

一般世人對馬拉松已經望之卻步，是一個遙不可及的天文數字，怎麼荔枝連百K也跑得這麼輕鬆自在，毫不費力？賓果，這就對了，「我很放鬆，放鬆跑就不會覺得累。」這是他的策略，沒有任何戰術的策略，或許正因為他無欲則剛，沒有好勝心，從來沒想過要跑多少時間、什麼名次、贏哪些人，反而跑出不輸給練得很勤快的跑者的成績來，而且，他跑得痛快又舒服，健康極了。

因為跑步，荔枝的熱情好客傳千里，跑友們到中南部參賽後總喜歡去他家裡作客，會受到最親切的招待，最棒的是喝下去回甘久久無法忘懷的珍貴普洱茶，還有美麗大方的荔枝嫂，跑友津津樂道，口耳相傳，在馬場上多了這樣一個純真率性、樂觀開朗的甘草人物，真是大家的福音。

「要放鬆，不要滿腦子只想跑快；要跑久，以後的歲月還很長，不要一直衝速度。」荔枝的肺腑之言，當然年輕人（其實不只年輕人啦）基於榮譽感使然會想拚成績，倒也無可厚非，不過以健康為訴求放鬆跑，膝蓋比較不會受傷，可以跑得久久長長。「以『七逃』（玩耍）的方式來跑步」，這是荔枝的中心思想，少吹冷氣，多走向大自然，看山、練腳、曬太陽、遊山玩水，讓身體承受著自然的風，動一動，流流汗，壞細胞會隨著汗水流掉，身體絕對會改變，這麼一來，人人都變得健康了，健保黑洞不就有解了嗎？

跑步沒有捷徑，沒有辦法偷吃步，只有用時間去累積，如果要跑馬拉松就得靠練習，日復一日地跑著，相對比較健康。荔枝不僅愛跑步，邀大家一起來跑步，還想擔任健康代言大使呢，他的確有這個資格。

談談正在台灣發酵的赤腳跑旋風

—郭豐州的觀察—

拖鞋俠是一個很有趣的個案，個案的意思就是說別人模仿不得，他穿草拖鞋跑有不得已的原因，別人也穿草拖鞋跑，恐怕幾公里腳就割得鮮血淋漓了。這讓我想起這陣子大家一直在討論的赤腳跑的問題。

去年《天生就會跑》這本書出版時，出版社找我去誠品書店參加一場讀者論壇，會中我就明白指出，盡信書不如無書，基本上要了解赤腳跑步的原理與條件才來赤腳跑，不然恐怕只是「追趕流行，創造話題」而已。該本書提倡赤腳跑步，理由是發現墨西哥山地中的塔拉烏馬拉族人跑步時其實穿的是薄薄的涼鞋，該書作者進一步發現一個事實，現代跑鞋越來越強調保護，越重視保護足部，但是結果是運動傷害的人越多。如果不穿鞋跑步，反而能發揮我們人類天生的足部避震構造——腳弓的功能，膝蓋受傷的情形反而減少。是的，如果赤腳跑步，我們一定用前腳掌著地，因為我們腳跟沒有多少肉，沒有避震效果，光腳用腳跟著地，不消多遠就會感覺腳跟疼痛。而用前腳掌著地，膝蓋會自然彎曲，身體撞擊地面的力量分散到整隻腿，而不會集中在膝蓋，有保護膝蓋的作用。如此說來，那麼跑鞋的作用是什麼？我們難道都被騙了嗎？

首先必須釐清的是如果你有做過動態伸展動作之一「漸速跑」的經驗，以逐漸加速的方式跑大約五十公尺距離，由慢跑起步到最後幾公尺快跑，甚至衝刺，你會發現你的腳著地的位置會由慢跑時的腳跟，隨著速度加快，著地位置逐漸往前移，在最後衝刺階段你一定是用前腳掌，甚至用腳尖著地。換言之，沒有人規定要用哪裡著地，人體本能就會決定著地位置，速度越快，著地位置越往前移。如果你看過六〇至七〇年代的跑鞋，你就會知道那年代的跑鞋是給速度型的跑者穿的，簡單地說是穿來比賽的，鞋子很薄，平底的，因為那年代全球還沒有掀起慢跑熱，跑步的絕大多數都是選手級的人物。在七〇年代中後期開始，美國開始全民慢跑，運動用品公司看到商機，於是設計出給慢跑者穿的鞋子，後腳跟加厚避震，讓速度慢的慢跑者可以放心地使用腳跟著地。現在我們很輕易地可辨認出哪些鞋子是比賽鞋，哪些是練習鞋了。前者一定很薄，很輕，強調的是散熱的功能，因為高速前進時腳掌摩擦鞋子會有高熱產生，而練習鞋特徵就是有厚厚的後腳跟，強調的是保護功能。說到這裡，我們先得到「速度型的人用前腳掌著地，而慢跑者用後腳跟」著地的小結論。

採用後腳跟著地的跑法使用大腿比小腿多，因為抬腿多靠大腿根喀腰肌附近肌群收縮居多。速度型的人跑步時身體彈跳一定比較多，使用小腿的比例高，你可以觀察到許多跑在前面的高手，小腿都很發達粗壯。接著，再觀察我們腿的構造，大腿肌肉份量遠比小腿多，於是，當問題是：你要跑得省力時要用哪一種跑法呢？很明顯的我們應該用大腿跑法，也就是必須用腳跟著地。結論越來越明顯了，如果你是跑較短距離，例如約五十公里或馬拉松的，採用前腳掌著地的速度型跑法，赤腳跑沒問題，當你是參加二十四小時賽時，小腿肌力抵不過大腿，應該用大腿跑法，也就是用腳跟著地，此時赤腳跑就吃虧了。

回頭說拖鞋俠跑步時強調很放鬆，不拚成績，不管名次，對慢跑群的人來說這是最高境界。學理上來說，他是以有氧的強度跑步，簡易有氧的強度指標是運動時心跳每分鐘在最高運動心跳的百分之六十五至百分之八十五（最高運動心跳＝二二〇—年齡）區間內。此時，感覺略喘，但是仍然可以輕鬆應付。許多用較高速度前進的跑者，在跑步時臉色都很難看，因為他的強度已經達到介於有氧和無氧之間的灰色地帶了（心跳在最高運動心跳的百分之八十五至百分之九十），強度到這一地步，會輕微缺氧，所以並不舒服，是笑不出來的。君不見那些馬拉松高手比賽時表情絕對嚴肅到不行，近看時會覺得他們臉上風霜比其他人多，理由不是他們在戶外練得多，吃了許多風霜的緣故，真正的理由是當長期處在高強度的運動狀態，身體會產生許多自由基，是這些不利於身體的自由基作祟。目前的科學研究結論是，身體衰老的緣故是因為產生的自由基來不及代謝，累積下來造成的。我們跑步就是為了增進身體的健康，這下還因跑太快而產生過多自由基造成衰老得快，哪划算啊?!慢跑的人聽我的勸啊，看淡成績名次，而以「微笑通過終點」為目標吧！

第五章

海角天涯，我們一起攜手共創幸福人生

即使奔跑的時候我們可能失散在人群裡，各自奔馳，哪怕只有我一個人，在看不到盡頭、永遠不知道終點的漫漫長路上，緩緩地前進著，我知道你就在那裡，在同樣的賽道上奔跑著，在我看得到或看不到的地方，陪伴著我。只要有你在，我即使仍是孤單一人，但卻不孤獨。

因為，我知道你會在終點處等我，哪怕是天涯的盡頭，都會有你溫柔的等候。

我就這樣跑進有你的世界裡，你緊緊牽著我的手，繼續奔向我們的幸福人生。

你移情別戀愛上馬拉松，那麼，我就跟你一起愛吧！讓馬拉松變成我們如膠似漆的能量包，整個地球都是我們的舞台，張開翅膀，飛過世界的背。

百馬夫妻黃政德與羅苔華用馬拉松環遊世界

像候鳥一年一度的大遷徙般，台灣最資深的馬拉松前輩黃政德跟越來越俏麗的羅苔華，這對百馬夫妻就會從海外翩翩飛回來，趕赴台灣馬拉松嘉年華盛會。年過六十歲之後，他們以雙腳來拓展生命版圖，追逐年輕時在心中燃起的那股夢想，透過馬拉松賽事一圓環遊世界大夢，今年五月，黃顧問就要完成人生第三百場馬拉松，這只是個過程，並非目標，畢竟跑步是他的生活型態，夫妻兩人攜手一起跑過世界美麗的城市，飽覽各國風光。他們的馬拉松大旅行，正熱烈上映中。

二〇一一年秋天黃顧問第一次征戰為期兩個月的歐洲馬拉松之旅，共計完成七場德國馬拉松，荷蘭與布魯日各一場，成功打包九馬，更多的收穫其實是豐碩而細膩的德國深度之旅，每天為住宿安排、交通聯繫、三餐生活起居的查詢忙碌不堪。再忙，雙腳都要動一動，沒賽事的空檔就近奔跑，跑在運河與森林交織而成的荷蘭，沿途路況平坦寧靜而且視野遼闊，忽而轉入森林，風聲、樹葉的沙沙聲、鳥聲，以及，自己的腳步聲與呼吸聲。跑在海德堡山林裡規劃良好的林道上，感受大學城那種濃厚的學術氣息與名校風範，在晨霧籠罩下享受多彩繽紛的楓林美景，何等舒暢快意。

兩個月結束後，他們馬不停蹄，風塵僕僕卻又精神抖擻地歸來，回到台灣跟馬拉松朋友相聚，碰面的場合不是在餐廳，而是在馬場上。從苗栗馬回到台北艋舺馬，再拎著行李南下參加阿公店、屏東大華、曾文水庫三場馬拉松，再返回台北已經是三個星期以後了，剛好意外做了一場成功的馬拉松外交，富邦台北馬是他年年必到，未曾缺席過的賽事。

三十年前愚人節的聰明決定

跑齡超過三十年的黃顧問無異是一部台灣馬拉松史，對馬拉松推廣功不可沒，有多項創舉，包括成立跑者廣場、建立最具公信力的馬拉松普查制度、創立百馬俱樂部等，他跟羅姊更是率先奔抵百馬里程的男女跑者。這些功績與紀錄攤開來洋洋灑灑一長串，不勝枚舉，黃顧問不改他說說笑笑幽默風趣的個性，彷彿不關風與月，就只是做著自己很喜歡的事情，推己及人，迫不及待想把那份熱愛與執著跟大家一起分享。

我真真切切感受到黃顧問的馬拉松人生，發光發亮中又是如此樸實無華，馬拉松之於他不只是跑步而已，是一種信仰，一種生活態度，也是身心靈的修行。透過它，把健康追回來，把體力找回來，去構築屬於自己的美麗人生。在黃顧問眼中，馬拉松不攸關能力問題，關鍵在你願不願意跑而已，他在開啟馬拉松生涯之後，意外地伴隨而來的是業務蒸蒸日上，整個人更有自信，人生更圓融而飽滿。

時光倒流三十年，黃顧問跑步的初衷沒什麼特別。三十三歲的他，一百六十一公分，體重高達七十六公斤，經常感冒，耳鼻咽喉很不好，家庭醫師給了他一帖良方，建議他要多運動才能促進血液循環，改善新陳代謝，或許身體狀況會獲得些許改善。真是個奇妙的醫師，根本就不想賺他的錢！他將信將疑之際，剛好接觸一本《跑步的奧祕》，在美國的發行量比聖經還大，對美國跑者發生很大的激勵效用。看完書以後，馬上決定，「我要的天天運動就是跑步」。

無獨有偶，剛好又看了一部電影「永不讓步」，描述美國奧勒岡州伐木家庭的故事，在嚴酷的氣候與危機四伏的環境底下如何做伐木工作，必須仰賴強壯的身體、充沛的體力，更要面對惡勢力的挑戰。當下對自己的健康跟體力做一番評估，馬上打了個冷顫，如果處在那個環境底下，他穩死無疑，毫無招架能力。

如何改變自己才能強化生存能力，更加確定他運動的決心。就這樣，醫師的建言，一本書，一部電影，那麼奇妙又巧合地串連起來，黃顧問馬上確定自己的運動方式，決定奔跑。奈何老天爺不領情，那年春天雨下個不停，有無比的決心，裝備也齊全了，結果東風遲遲不來，迎接他的卻是綿綿無絕期的春雨。

左等右盼，就快等到花兒都謝了，直到四月一日愚人節那天，老天才賞臉給他一個很好的禮物，天氣終於放晴了！「我在那天做了個最愚蠢的決定，直到現在三十年過去了還沒有停下來。」跑步的腳一旦邁開步伐之後很難再停下來了，黃顧問用一種反諷的幽默兀自哈哈大笑，他的人生轉捩點就從那一天開始。

開始跑步後效果驚人，像被戳破的氣球般肚子迅速消瘦下去，四個月後體重就降到六十二公斤，腰圍也減了四吋，但黃顧問最高興的不是體型改變了，心跳數從八十下降到六十是他這輩子最難以忘懷的事情，代表他的健康指數有效「修復」。三十二歲的他，心肺功能體能指數檢測結果嚴重老化到六十二歲，跑步一年後就恢復到三十五歲，再過一年竟然回春了，只有十八至二十五歲，跑步強化了他的心臟功能，身體健康獲得大幅度改善，他越跑越帶勁。

心中種下一顆百馬夢的種子

在那個馬拉松極度不發達的年代，一年有個一、兩場可以跑就要偷笑了，第三場會讓人驚嘆，噢，老天掉下來的禮物，當然場場都要參加，怎捨得錯過？好不容易在台灣累積二十九馬，剛好恭逢波士頓馬拉松百年紀念，成為黃顧問馬拉松生涯的重要關鍵戰役。三萬多人的賽事，夾道熱烈的歡呼加油聲，徹底把他內在對馬拉松的熱情沸騰到最高點；他遇到一位年約六、七十歲的日本阿伯，號碼布上寫著：完走六百多場，心裡暗暗吃驚佩服不已，當下腦海中馬上竄起一個瘋狂念頭——完成百馬不是夢！

如果沒有跑出台灣，看看外面的世界，以當時國內馬拉松風氣未開的條件下，百馬根本就是個遙不可及的奢望。波士頓馬拉松是個激勵，用了將近二十年的時光，黃顧問終於在五十五歲生日台北馬拉松那天，抵達人生第一百場里程碑，他許下承諾，要繼續跑下去，再用二十年的時間向兩百馬叩關，結果又是「脫稿演出」，才八年就落袋近兩百場。

黃顧問勢如破竹的馬拉松紀錄，夫唱婦隨的羅姊受到這股濃烈的運動氣氛感染，四十二、三歲也加入愛跑一族，剛開始萬般猶豫，不敢相信自己可以完成馬拉松，日本河口湖成為她人生初馬。黃顧問全程陪伴及敦促鼓勵的愛相隨，讓她建立起信心。追隨著他的步代，她也成為國內第一個百馬天后，直到現在，兩人攜手持續在跑道上彈奏彼此的幸福之歌，羅姊雖然放緩了腳步，但未曾停歇。

他們的感情如膠似漆，跑步是一個甜蜜的觸媒。透過同時參加馬拉松這樣的活動，讓他們擁有共同的經驗，收藏一籮筐共同的記憶，結交一堆志同道合的好朋友，聊起天來絲毫沒有任何阻隔，從人到事到物統統都知道，永遠聊不完的共同話題，涵蓋的層面既廣泛又無邊無際，可以聊到地老天荒也不會枯竭與乾涸。

黃顧問有什麼跟跑步相關的計畫，羅姊完全可以感同身受，默契十足，他們之間沒有任何溝通障礙，完全暢行無阻。很多肖跑族的太太很難理解先生瘋馬的行為，又拒絕參與，在家裡哀怨久了只會窩成怨婦，羅姊完全「跳進來」，不管先生跟她說什麼，都可以獲得很好的共鳴——這就是所謂的門當戶對的新解。顧問天外飛來一筆，我忍不住噗哧一笑，卻又徹底折服這對夫妻培養出如此融洽，又無比契合的共同興趣。

「以前的門當戶對定義太狹隘，強調的是你有多少財產，我有多少，雙方家庭旗鼓相當才可以匹配。」黃顧問自有一番截然不同的新解與見地，他強調要從廣義來詮釋，包括年紀、體力、健康狀況、興趣等都差不多，對事情的觀感也大同小異，兩個人在這些無形的特徵上能夠搭配得宜，才是名副其實的門當戶對。他經常鼓勵太太，用同理心去體會她的辛苦與氣餒，知道一個女人要承受42.195K那樣長距離的考驗真的很不容易，他會體貼她，鼓舞她，陪伴她。他深信，「我們兩個站在一起其實是在做好事。」

用馬拉松實現大旅行夢想

他們正在編織馬拉松環球之旅，想在世界地圖上插滿他們的馬拉松旗幟。用參賽來制約生活型態，藉由四處比賽來新鮮生活內容，讓心力始終保持有目標地忙碌著，尤其是短期被迫要摸索陌生國度，快速激勵自己的應變和適應能力，進而活化生命的動力。

黃顧問不希望留下「老大徒傷悲」的感嘆，退休之後夫妻兩人無牽無掛拋開一切，挑戰有難度，卻又充滿新鮮刺激的Marathon Great Tour，馬拉松大旅行，他甚至給自己設定一個遠大的目標——未來一年內，在五十週完成五十場馬拉松。這個有點瘋癲的目標，已經在去年十月正式啟程，航向充滿驚奇的一年。

四十年來，他心中始終懷抱一個大旅行的夢想。那年大學暑假，黃顧問跟幾個師大附中畢業的高中同學展開徒步橫貫公路的旅行，途中遇到一個來自東京東洋大學法學部的年輕人，利用暑假獨自來台灣挑戰橫貫公路旅行，當下他好生羨慕，「人家這樣的年紀就可以出國旅行，我們現在不行，將來一定要做這樣的事情，這是一個dream。」走出去，才能印證行萬里路勝過讀萬卷書，所見所聞所感受到的才能感同身受，比較能夠融會貫通，轉化成智慧的一部分。

那時，夢想已經在他心中生根，萌芽，直到悠悠忽忽過了近四十年，都已經變成個老頑童了，心中那把火始終未曾被澆熄過，仍然心心念念，魂縈夢牽，只是他一直在心底悄悄運作與構築，思考要用什麼方式來實現，才能夠開創一個無怨無悔的環球之旅。很快就找到

黃政德提供

攝影/陳世偵

答案，既然他們夫妻兩人都有一雙可以奔跑的腳，有一顆對世界充滿好奇的心，有一對渴望看遍世界之美的眼睛，那麼，就用馬拉松來規劃他們的大旅行吧！

說來不曉得是湊巧還是天注定，現在成了「地球人」的黃顧問，一九八六年生平第一次出國也是為了馬拉松，「如果沒有馬拉松就不會出國，也無法感受到世界之大。」一好徹底的馬拉松人生，那年他憑著那股傻勁，買了張機票就單槍匹馬獨自飛到那霸跑步，笑稱年輕時做了很多愚蠢的事，可直到現在從來就沒有後悔過。人生有時就是需要一點莽撞、傻氣與衝動，才會有很多意想不到的美妙發生，能夠走出去，可以吸收的東西實在太多了，對黃顧問人生的精采度增添幾筆豐富的色彩。

一九八三那年，他在青年公園開始跑步，很快就「墜入」，心底的熱忱像泉水般湧出，因為跑步讓他整個人徹底蛻變，除了身體顯著的改變之外，心理也跟著產生一股向上提升的力量。他對跑步充滿信心，就變成跑步的傳道者；一九九九年移民澳洲，心中那把熊熊烈火持續在延燒著，以社團成員為班底組成那霸馬拉松團，鼓吹大家走出去，感受海外馬拉松賽會對跑者的激勵，那種會讓人感動久久，持之以恆想一直跑下去的影響力滿好的。黃顧問把兩個人的國外馬拉松之旅，擴大成一群人的海外馬拉松團。

二〇〇〇年他卸下青年公園慢跑社「回鍋會長」的任務之後，閒閒沒事做，深知台灣跑友的期待與渴望，心生一念，不如把有興趣的社團集合起來，「台北跑者協會」就這樣誕生了。當年十一個創始會員現在只剩下六、七個在跑，但整個協會總共有兩百多個會員，顧問笑說那是個很鬆散的組織，會員不必繳會費，也沒有權利義務，主要就是要費心思去規劃海外賽事，多數都是由顧問在負責處理，「卡雞婆（比較多事）啦！」他這樣虧自己，其實，如果沒有他的雞婆與古道熱腸，就不會有那麼多美好的海外賽事了。二〇一一年年中的聖彼德堡馬拉松，就讓參與的跑者津津樂道，留下深刻而寶貴的回憶。

每個人的壽命都有個極限，六十四歲的黃顧問想利用有限的生命做最大的發揮，把興趣跟生活做一個完整的結合，他用參加馬拉松來激勵自己持續不斷地跑步。他自有一套觀感與看法，馬拉松的功效並不在於你用多少時間跨過終點，正因為有馬拉松等著你去挑戰，需要的條件不外乎良好的健康跟充分的體力，他努力追求的就是這些，畢竟，跨過終點就只是瞬間而已！

每一場賽事結束並不是真正的結束，最重要的是平常的練習。四十二公里不是隨意跑跑就可以到得了的距離，要把跑步納入日常生活中的一環，對身體健康及體力提升一定有所助益；報名賽事會讓自己跑得更勤快，這也是顧問之所以到處參加馬拉松的原因。跨過終點以後感覺比賽結束了，卻是下一場賽事準備過程的開始，這當中其實就是你的生活，想要愉悅奔抵終點需要維護健康，飲食習慣以及生活起居都要特別注意，盡量改掉會傷害健康的壞習慣，例如熬夜。這樣還不夠，當然還得安排時間出來練習，強化體力、肌力與肌耐力。每次跨過終點，意謂著下一次的開始，串聯起來就是馬拉松跑者的生活型態，這樣的正向循環會把生活導向越來越健康的一方。

跑馬拉松是一種運動型態，黃顧問把它跟旅遊結合起來，快樂更多，期待更大。能夠跑馬拉松的人通常擁有良好的健康跟充沛的體力，相對較有活力，應該也是比較快樂的人，他眼中的世界淨是美麗，擁有好心情，即使走在台北交通擁擠的街頭，還是可以找到很美的事物來觀賞。心情鬱卒的人，哪怕是來到夏威夷ＹＫＫ海灘也不會覺得美麗。

「一個人的身體與體能狀況，可以決定你的人生美好與否。」人生充滿真善美的黃顧問，歸納出這樣的結論。他把馬拉松當成樂活人生裡的重要軸心，透過在異地對馬拉松的追求，可以到世界各地去體驗生活，感受到不同的人文風情、天然景觀，甚至都會風情，在不停的變化當中充滿新鮮感，讓你對生命的持續力挹注源源不絕的新活力，才不至於像是一棵枯萎的老樹，慢慢凋零。

跑馬拉松可以提升競爭力

黃顧問喜歡把這兩個看似風馬牛不相及的主題放在一起。馬拉松意指廣義的跑步概念，不一定非得42.195K，只要你堅持運動下去，身體就會改變，心理狀態也會跟著改變，擁有好心情看待這個世界是如此美好，以美好世界的關懷為基礎，相信你的愛心走到哪裡都會讓人看得到，健康的訊息別人也會接收得到，漸漸地你會變成一個很正向的人。沒有人願意跟消極、充滿負面思考的人做朋友，讓人避之唯恐不及。

跑馬拉松以後，黃顧問宛如破繭而出徹底蛻變，除了建立自信心之外，原本是個很木訥的人，變得健談、開朗、積極，講話的態度誠懇而熱情，客戶跟他接觸的過程中明顯感受到他光明的一面，業務蒸蒸日上。這就是一種競爭力，四十歲以前同業都說他是超級業務員，因為跑馬拉松帶給他充沛的體力與正面的能力；後來他自己開公司，業務量一樣做得嚇嚇叫。

黃顧問從自己切身經歷過的經驗來看待馬拉松對他的生命過程的影響，整體是正向的，無庸置疑只要你願意，就可以把自己的人生提升到最美好的一面。在經營事業過程中跟客戶接觸時，他都用馬拉松精神來因應——對他而言，每件事情都可以套用馬拉松精神。做生意要面對的也是人，思考模式大同小異，人同此心，心同此理，如果可以站在對方立場來處理事情就會知所退讓，有時候，退一步則海闊天空。

三十六計裡有一計是欲擒故縱，只要客戶願意給他碰面的機會，多數時間都是在聊健康，能夠當到老闆的人應該有些年紀了，一生的奮鬥或許造就今日的成就，但健康差不多都流失了。每次跟他們提起健康議題，對方眼睛往往會為之一亮，無論講什麼都很有興趣；他不會開門見山亮出目的來，還來不及切入主題對方馬上出現防禦心，接下來就很難進行下去了。

黃顧問見客戶都不談目的，先讓對方信任，當對方卸下心防放鬆以後，他也會故作鎮靜假裝「我要走了」，這招一出手馬上奏效，客戶反而會提出疑問：「你今天生意不做了喔？」結果反而是客戶主動提起，而不是他開口發問，當客戶這樣回應就是進入最後一段生意的談話，有時候三十秒就可以搞定這筆生意。

現代人健康意識抬頭，只是很多人意識到，卻不知從何著手，黃顧問就是最好的範例。他認為，健康的經營跟事業的經營同等重要，總不忘提醒，「當你在追求經濟成就的同時，莫忘經營你自己身體健康的重要。」很多人忙碌一輩子賺了大把鈔票，最後也只能把錢用在醫療上，客戶對這個「馬拉松人」說的話興味盎然，聽得很專注也聽進心裡去了。

就這樣，他跟客戶的關係不只是單純的生意往來，常帶他們跑步，也陪他們游泳、打高爾夫球，甚至騎馬。「我是『雜菜姆ㄚ』（這是我第一次聽到的台語，臉上出現不解的問號，顧問馬上補充說明），每一樣都會，什麼都不厲害！」他笑得很開朗，我聽得驚訝，怎麼樣樣都會啊！黃顧問認為，人活著沒有活力，就像個會走路的死人，當然要過個有活力的人生。他選擇的是「跑步吧！人生」，就是要跑步，跑步為他帶來很多意外的人生。

那年，因為台灣馬拉松場次太少不過癮，黃顧問跑出去了，出國比賽報名要自己處理，於是他去學日文並強化英文，這是必備條件；原本對電腦很陌生，想串聯一張馬拉松地圖網路很重要，不得不去學；大小事情都要自己來，培養出自助旅行的規劃能力；出國跑馬需要時間跟金錢，平常對時間及財富管理很用心，一定要特別規劃要省吃儉用。「不只是跑馬拉松而已，生活過程中所衍生出來的問題要逐一去面對與克服。」跑步改變黃顧問的整個人生，他教我們如何一步一步去實現夢想。

夢想一定要跟興趣結合，沒有興趣的夢想最後會流於空泛而且枯燥乏味。退休後，黃顧問二十歲時在心中埋下的環遊世界夢想終於展開了，用雙腳拓展生命版圖，馬拉松大旅行列車在今年年初駛向美國，七週完成七馬，穿梭遊走於東南部各州，將他的三百馬往前更推進一步。「我可以，你們絕對可以。」黃顧問強調他不是專業運動員，也沒有傲人的成就，就只是願意走出去，堅持在這個跑道上奔跑著不缺席，只要你願意跑步追求健康追回體力，任何事情都可以做得到，美麗人生就在前方。

—郭豐州的觀察—

因爲純潔簡單所以更有吸引力

跑步，馬拉松，就是這麼奇妙，像個磁石，把夫妻黏在一起，把家人黏在一起，把一群又一群各行各業的人也黏在一起。羨慕黃政德以馬拉松把愛妻黏在一起，退休了以參加馬拉松旅遊世界各地。即使太太不參賽跑步，國內比賽時常見巴布和Sandy，鴻輝和太座，蔡主任和大嫂也都一起來當志工，只因跑步這件事而已，沒有其他複雜原因。全國各地的俱樂部多到數不清，成員「三教九流」都有，出錢出力，熱血辦比賽，服務其他跑友，幾乎到了「鞠躬盡瘁」的田地，也都是因為跑步。不知道你觀察到沒有？其他運動不是如此的，高爾夫球界不是這樣，棒壘球也不是如此，讓人著迷，讓人像宗教般的虔誠，只因為跑步運動它是一個很純潔簡單的運動，越是純潔越是讓人崇敬，越是簡單吸引力越是強。

黃先生是一位優秀的跑步的傳道者，把跑步這本經很有技巧地、很成功地推銷出去，百馬信徒數百人，包括我在內都認為跑百馬是跑步者的聖母峰，這輩子非去朝聖一次不可。我則口舌呆鈍，有一次拉攏同事來參加學校常跑同好會，電話滔滔不絕講了數十分鐘，對方突然笑了起來說：「老師，你好像在傳教哦！」當然那次行動又失敗了。既然口拙，那我寫本書好了，於是用了一個暑假，和專家朋友寫了本書，取之社會，用於社會，把它捐出去給林總的基金會，他的基金會也有在贊助高中長跑隊，利潤全數由基金會支配。雖然遠超乎預期地刷了數千本，但是我好朋友有一天酒後吐真言：「老郭，你那本書一出版我就買了，也很認真地看，可是從不知道第五頁以後的內容，因為每次翻到第四頁我就睡著了。」從此，當我知道朋友有睡眠障礙問題的就送他一本。

自己跑步的量勉強達到美國心臟醫學學會對輕度運動的定義「每週五小時」，實踐力很不足。既然有辦比賽的經驗，那辦比賽來推展跑步好了，朋友邀去大陸看看如何經營中國這片廣大的跑步處女地，曾經籌備一個小比賽試試水溫，了解實況之後嚇得趕快捲舖蓋逃回家。

我的跑步計畫因一位剛認識不久的朋友而有新方向，他乍看不可愛，身上有許多江湖花樣，但是人卻「和藹可親」得很，我們一見如故，他有一次說他跑了二十幾次的半馬，最近才開始跑全馬。我登時動容，打從心裡佩服他如此有耐心，不為周遭的意見左右，堅持打好基礎再進階。想想我的練習時間這麼少，雖然不用練習就可以跑10K賽，但是半馬卻是對現在的我最適當，有點挑戰但又不會太過，練習不足，硬跑全馬只有痛苦不堪和痠痛，一點也沒有樂趣，於是我當下決定，「撤回來」跑半馬，過些時候，像黃兄他們這年紀了，自己可以支配的時間多了再來跑全馬。

工程師涂宏榮與小祕書廖姿婷牽手奔向未來

馬拉松求婚戲碼已經不是新鮮事，這幾年經常會在馬場上看到終點處或頒獎台，總是會有深情款款的男子在奔跑之後，再累也會被臉上的喜悅給掩蓋住，然後幸福洋溢的女子不勝嬌羞，喜孜孜接受那束嬌豔欲滴的花束，兩人決定攜手共度未來。早在五年多前，馬場上就有一對人緣很好的科技人風光在那霸馬拉松終點舉行婚禮，造成轟動，工程師涂宏榮跟小祕書廖姿婷因跑步而譜出戀情，牽手通過拱門，奔向他們的美好人生。

他們有個寫滿回憶的「愛跑者的家」，工程師是負責記錄的「主筆」；只是曾幾何時，或許是太過忙碌，或許就那樣一個環突然中斷了，一不小心，熱度退潮了，那個文字窩好像也陷入休耕狀態。一如跑步這檔子事，哪怕你再熱愛，只要讓雙腳停下來，日子一久可能會生鏽，舉步維艱，雖不至於到了再回首已是百年身的地步，但終究是錯過了徒留下一段空白。

文字可以停下來，奔跑過的記憶就在那裡，並不會因為沒有化成一篇篇的文章就會模糊了，淡忘了。但停止奔跑這件事，就比較嚴重，雙腳會記憶也會遺忘，宏榮依然在奔跑著，婷婷暫時移轉重心，她沒忘記奔跑的姿態，但這件事變得遙遠而困難卻是不爭的事實；

如同散漫的我差點回不來，宏榮正是幫助我重返馬場的關鍵角色之一。

因為，跑步怕無聊的他，受惠於很多經驗豐富的前輩照顧，從中獲益匪淺，集很多資深跑者各種招術之大成，就差沒彙整成跑馬祕技，他吸收消化之後，在自己越跑越輕鬆，漸漸行有餘力之際，也開始轉化自己跑馬拉松的心態，開始扮演起幫助別人的角色。

何其有幸，可以跟這麼熱心的宏榮跑在一起。不只是我，應該也有很多人有過這樣的感激，就算沒吃到他豐富的補給品，也有被他那無以倫比極度專業的大炮相機，捕捉到自己奔跑時迷人的姿態吧！

不只是個跑者，更是個在馬場上以攝影志工打響名號的熱血工程師，咧嘴大笑也是他的招牌，剛好跟甜美細緻皮膚白皙的小祕書，形成強烈而有趣的對比，只是聊起跑步兩人有太多共同的回憶，又是那麼無懈可擊的契合。

追風少年隊追到最愛

說起這兩個愛跑步的甜蜜夫妻檔，原以為是宏榮影響了婷婷，明明現在他依然活躍在各個賽事裡，即使不再有馬必跑，可總還是可以感受得到宏榮的熱情無所不在。細究兩人跑步的淵源才驚訝地發現，原來婷婷從高中就很愛跑步，愛到大學聯考填寫志願時，會為了那座斥資五億元的體育館而選擇嘉義中正大學！進去以後，還是田徑校隊成員，是個很愛跑步的女生，只是那時候主攻五千或一萬公尺，覺得這樣就已經跑很遠了，從來就沒想到要去跑馬拉松。

宏榮也喜歡運動，就跟一般男生一樣熱愛打球，這樣的興趣在踏出校園走入職場後，變成「此情只能成為追憶」，漸漸被忙碌的工作給消磨掉了。正值年輕打基礎的關鍵時刻，又是進入人人稱羨的績優龍頭企業台積電，當然是卯足勁認真工作，不到兩年，體能嚴重耗損迅速老化，心裡亮起紅色警戒。幸好他有自覺到這個危機，意識到運動的重要，在心裡盤算有什麼方法可以在短時間內把體能找回來，他開始去尋找有效率的方法。

新竹科園區裡的企業當年之所以盛極一時，除了股票分紅讓人眼紅之外，整套完善的福利措施也是世人津津樂道的事。宏榮瞥見公司地下室健身房那排跑步機在跟他招手，「這就對了！」不需要呼朋引伴，畢竟大家都很忙碌，想找伴談何容易，那就穿上跑鞋去跑步吧，多麼方便。

剛開始自信滿滿，好歹自己在大學時期也是個在球場上虎虎生風的人，應該很容易上手吧，以為跑個三公里「只是一塊小蛋糕」（piece of cake），簡單啦！結果完全錯估情勢，「沒想到這蛋糕還滿難吃的。」宏榮根本撐不到三公里就完全跑不動了，全身揮汗如雨不知如何是好。

呆立在一旁劇烈喘氣著，猶且「驚魂甫定」，久久無法平息下來，他萬萬沒料到自己竟可以遜到這種地步。馬上又受到更大的「驚嚇」——旁邊的大哥已經跑了一、兩個小時，還一派輕鬆自在，面不改色，氣息還是那麼勻稱，怎麼回事，分明自己還很年輕，照道理在跑步機上奔跑的人應該是他才對，「怎麼會這樣？」

這一驚，非同小可。宏榮是ＲＤ工程師，就是新聞上偶爾會出現所謂的爆肝科技人，工作量大壓力沉重，想要在工作上可以遊刃有餘，從容應付，就得透過適當的運動來保持平衡。要趁早改變自己的步調，在工作與生活上如何協調，宏榮決定不再把全部時間都投入工作，他騰出運動時間，意外發現，透過流汗與心跳加速後，可以讓緊繃的心情放鬆下來，反而更能提升工作效率，有意想不到的效果。

不過最大的收穫是，賺到一個美麗的女朋友。

二〇〇四年永和慢跑舉辦一場五十公里馬拉松賽，有個人組跟接力組，公司同事看到跑步機上的宏榮，就拉他一起組隊參賽；大會規定，五人中必須要有一棒是女生，就這樣，婷婷在他的上一棒，他們在會場上初相識，誰也沒料到一條無形的紅線已經悄悄把他們綁在一起了。

只有跑過三、五公里而已，一登場就要衝十公里，可以跑得完嗎？他們取了個很響亮的隊名「追風少年隊」，在會場上跟一堆大哥、大姊比起來格外年輕有活力，心想少年人應該可以跑得很好吧。結果只能看到其他人像風一樣揚長而去，苦苦追趕，還是欲振乏力，最後拿了個倒數第二名的成績。

宏榮回想起那一幕，「那時候沒有被電到，心裡頭只有一個念頭：這女生幹嘛跑那麼快，害我追得半死！」男人的尊嚴，說什麼也不能跑輸她，拚得死去活來，只比她快一分鐘，幸好顏面有保住哪。生平第一次路跑，十公里就累得半死，當然是「一點都不想跑馬拉松」，只是人生往往有很多意想不到的事情，打死也不想跑的宏榮竟然變成馬場上人人都知道的工程師，上一棒的女孩就這樣跟他預約一場未來的戀愛情事，而且，把自己的未來幸福也一併交棒給他了。

雖然是被同事拐去，宏榮完全沒料到，從此他的人生轉了一個彎，就這樣栽進馬拉松世界裡。

追風少年隊一點也不追風，幾乎是吊車尾的隊伍，那時候會場收拾得差不多了，但還是被很多熱心的志工朋友熱情款待，他們的心在沸騰，滯留在會場戀戀不捨，強烈感受到跑步人那股濃濃的歡樂氛圍。聊天過程中才知道這場賽事是民間社團主辦，並不是政府機關團體，或許一顆不經意的種子已經在他們心中撒下，後來，宏榮無可救藥地戀上跑步，甚至他們還在公司裡用自己的力量，自掏腰包舉辦過一場讓人難忘的風城盃馬拉松。

馬拉松婚禮

緣分就是這麼奇妙！宏榮跟婷婷身上那一條隱形的紅線，被跑步給越拉越近，愛跑步的女生經常在健身房遇到他，就給男孩很多建議。雖然強調是為自己而跑的他，後來不經意知道原來她跟男朋友分手了，就那麼湊巧，過了不久他也恢復「單身」，兩人就從健身房聊到星巴克去，話題開始從「請教怎麼跑步」擴散出去，越聊越被她吸引，這麼好的女生當然不想放過；既然她這麼喜歡跑步，老天爺已經給了最好的指引，就這樣，宏榮開始認真跑步，這是認識她最棒的方法，跑多了就變成一種執著。

婷婷會問他有沒有報名哪一場賽事，賓果，多參加賽事就有機會多認識這個人！他喜出望外；跑了幾場馬拉松以後，觸媒到了，兩人自然而然越走越近，牽手一起加入台積電慢跑社，展開刻意隱瞞的祕密戀情，偷偷品嘗甜蜜的滋味，直到結婚訊息發佈出去才引來一陣喧譁。

既然是跑步串起來的姻緣，那就來一場馬拉松婚禮吧！熱中參賽的宏榮在二〇〇五年底首度征戰國外馬拉松，被熱情的那霸馬給震撼到，深深被濃郁的城市馬拉松吸引，那樣的魅力直到他回國後一個月，還可以把每公里遇到什麼人、看到什麼東西、路的形狀跟周邊的景致等等，都可以清楚地講出來，宛如被那霸馬給植入晶片般，宏榮變成那霸馬拉松的最佳宣傳，他大力鼓吹這場「一生必跑的馬拉松」，乾脆把婚禮也搬到那裡去舉行。

二〇〇六年年中，他們的愛情成熟了，確認彼此就是那個攜手共度一生的人，開始考慮結婚事情，社團同事熱切討論著，大夥兒既興奮又期盼，雀躍的心情完全不亞於這對新人。剛好那年他們策畫舉辦風城盃馬拉松，媒體來採訪這場賽事，約莫一個半小時，採訪完畢也拍完照，同事們都各自散開；他們上前跟社長討論聯絡那霸馬負責人，正在討論時被記者聽到，那霸馬婚禮意外上了報紙，引發一連串的「滾雪球效應」，這場喜事一傳十，十傳百，竟然變成那霸馬拉松的年度宣傳重點。

那年從台灣組團一起參加的人總共有兩輛遊覽車，光是公司同事就有五十個人，剛開始只是單純通知主辦人開個方便門，讓他們可以順利在賽道終點前舉行婚禮。沒料到從下飛機那一刻起，這對台灣來的新人就受到盛大的款待，每天不斷有媒體來採訪，比賽當天外套一脫掉亮出號碼布，馬上就被請到最前面的媒體記者區，成為鎂光燈的焦點。

想要兩人牽手跑進終點，這不是件容易的事，宏榮跟婷婷其實有在之前的桐花盃馬拉

2007 太魯閣國際馬拉松
2007 TAROKO INTERNATIONAL MARATHON
JULIET LIAO
1543
1542

涂宏榮提供

愛情長跑
3008

涂宏榮提供

松偷偷「排練」過。她因為車禍休息很久，那場不僅是她歇息一陣子後重返馬場，也是她的第二馬，因為忙著結婚練習量不夠，跑起來格外辛苦；跑了好多場，成績越來越好的他，為了婚禮預演，第一次陪她跑步還用這麼慢的速度，讓他很不習慣，於是，他像人造衛星一樣不停地在她身邊一直繞圈圈，那樣的節奏讓他很不舒服，最後忍不住就衝出去了。

不僅宏榮跑得痛苦，婷婷也滿腹委屈，畢竟每個人有自己的節奏，旁邊有個人很關心你，不停地提醒你要快一點、要怎麼樣……彼此都互相受到干擾。原本已經跑得很吃力了，這麼一來壓力更大，「我也很不舒服！」幸好遇到經驗非常豐富的資深前輩百信胡教授幫忙配速，帶著她跑，慢慢抓到節奏，漸入佳境，才能夠完成。

這次的初體驗，原來兩人心裡都有無傷大雅的小怨言，一切都是為了畢生最珍貴的那場賽事。最後當然有「hold住」，牽手一起奔抵終點的感動，足已把其他小抱怨都拋開了。後來又跑過幾次，累積足夠的經驗之後，宏榮終於有了全新的體會，他了解如果要陪別人跑步，要讓自己的步伐跟呼吸去習慣對方的模式，而不是一直去提醒，試圖影響及改變他人的速度，應該要讓對方維持自己的步伐才有辦法順利完成。

有了桐花盃的預演後，原以為那霸馬會跑得浪漫又愉悅，幸福又甜蜜——結果大錯特錯，過程奇慘無比。為了準備婚禮，婷婷忙得不可開交，又是一場沒有練習的賽事，心裡很忐忑擔心無法完成，可偏偏這麼高調的宣傳搞得整個那霸市民人盡皆知，沿途中不斷有日本人捎來祝福。她很想回給他們甜甜一笑，當個最美麗的新娘選手，奈何力不從心，到最後整張臉都垮下來，怎麼樣也擠不出一朵笑容，沒辦法做任何反應，噢，就快要，撐•不•下•

去・了。

心愛的老婆正在奮戰中，陪伴在身邊的新郎官很不忍心，既然無法替她奔跑，除了盡量鼓勵她之外，起碼可以為她回報笑容給大家吧！雖然宏榮是個很愛笑的人，要笑42.195K實在是件不容易的事情，「結婚那天大概是這輩子唯一一次笑到僵，笑到臉上肌肉都有點抽筋的感覺。」結果跑完那霸馬不是腳抽筋，而是，臉抽筋。

進終點前有個舞蹈館，主辦單位把辦公室設置成新娘化妝室及更衣室，婷婷補好妝，換上從台灣帶去的白色小禮服，頭上戴著小花冠，腳上還是穿著跑鞋；宏榮換上西裝，手牽手一起跑完最後最後的五百公尺，在那霸市長、沖繩縣副縣長以及台灣駐琉球的日本代表證婚下，完成這場別開生面，既另類又獨特的馬拉松婚禮。

怕曬又愛跑的女生照過來

初在馬場上見到婷婷，給人一種驚豔的感覺。這麼一個嬌滴滴，皮膚白皙又細緻的糖瓷娃娃，明明很怕曬黑，又很愛美，竟然可以在烈日燒烤下奔跑那麼長的距離。寧可全身包得緊緊的，也捨不得不跑。

就是很喜歡跑步，熱愛跑步，但愛漂亮也是不爭的事實，婷婷就盡量找曬不到太陽的時間去跑步。開始跑馬拉松以後，會穿上長袖排汗衣、緊身長褲，戴上有著大大帽簷的帽子，連脖子也完全覆蓋住，這樣就會覺得「很有安全感」。不單單如此而已，防曬更是做得非常徹底，先塗上SPF50防曬油，再搽上超防水粉餅，還要戴手套，務必要做全套措施，滴水不漏。

尤其是跑得比較慢，五個多小時才會回到終點，曝曬在太陽底下的時間比別人多，只要做好萬全的防曬措施，就可以沒有後顧之憂慢慢跑。這麼熱的天氣，穿長褲不會熱嗎？婷婷強烈推薦日本製的CW-X緊身褲，一點都不熱又很透氣，最重要的是，它的機能設計可以保護你的大關節跟肌肉，延緩肌肉痠痛的時間，比較不會抽筋；跑了約二十場馬拉松，即使跑這麼慢，奴役雙腳的時間更長，婷婷從來沒有發生過抽筋的狀況。隨著台灣跑者越來越常去日本跑馬拉松，CW-X變成必備的品牌，雖然一條單價所費不貲，但耐穿耐操又不會變形，重要的是它的機能，算是CP值很高的褲子，對熱愛跑馬的人而言，值得投資。

這麼愛跑步的女生，現在卻從馬場上消失了，究竟為哪樁？不是累了，想休息，「就是懶惰！」婷婷認為，千萬不要把跑馬拉松這件事當成是開玩笑的事，要跑就要做好萬全的準備，包括身體與心理狀況都ＯＫ，有充分的練習後，才能開開心心快快樂樂地把它完成。正因為發現到自己疏於練習，前面二十一公里沒什麼問題，到了三十公里就會撞牆，後面幾乎都是半跑半走勉強回到終點，過程讓她覺得非常痛苦，漸漸失去跑馬拉松的樂趣了。

避免一再發生同樣的狀況，婷婷徹底檢討自己，責備自己為什麼都沒有花時間練習。與其痛苦參加，不如先放在一邊吧，畢竟現階段還有更重要的事情要做，未來還有很多機會可以慢慢去完成馬拉松。正因為累積足夠的經驗，越知道馬拉松不能開玩笑，絕對跟十公里不一樣，甚至半馬偶爾憑著過往的記憶還可以「蒙混」過去，但千萬不要對42.195K這個數字心存僥倖，一定要做好萬全的練習。這是婷婷很懇切的經驗談。

宏榮持續在賽道上奔跑，雖然不再如往常般狂熱，參賽次數也降低很多，受過傷讓他休息過三、四個月，讓他重新檢討並審視馬拉松，用更健康、正確的態度去面對，過了這麼久回頭來想，反而是因禍得福。那時正值瘋馬狂熱，連馬三、四場也覺得沒什麼困難，太輕鬆對待，沒有注意身體的狀況或傾聽身體的聲音，其實身上已經悄悄累積一些疲憊，他不僅忽略，甚至還一直沿用相同的強度來參加比賽。果然，人不是鐵打的，被過度操練的身體終究會發出抗議──也許受傷是好的，代表身體對你發出警訊了，反倒讓自己停下腳步，讓它充分休息。

工作越來越忙碌，更需要找到一個方法可以讓自己獲得平衡，一直保有源源不絕的活力，如果說工作是生活的一部分，健康更應該理所當然是生活的一部分。要建立正確的觀念，更要確實付諸行動，宏榮熱愛跑步，選擇它當成調劑身心的方法──每個人都要把身體健康跟運動當成是生活的一部分，做什麼都好。婷婷雖然暫時歇腳了，但跑步之於她是一輩子的事情，不管跑得多或少，她都可以從中獲得樂趣，那是放鬆心情，減輕壓力最好的方法，最重要的是，維持好身材的減肥妙方，效果遠比游泳、騎腳踏車、甚至有氧舞蹈都還來得大。

跑步串起一個愛情故事，無論如何，都要一起牽手奔向終點。等我，她終將回來；而他，一直在賽道上，守候與等待。

跑步常見的運動傷害

—郭豐州的觀察—

宏榮與婷婷是一對有智慧的夫妻，他們的智慧是在將跑步從「狂熱」降為「熱愛」，從「投入」變成「平常心」。我們不會形容一個人「一生狂熱某一件事」，只會說「某個人一生熱愛某一件事」，因為狂熱不會持久，狂熱跑步不會讓跑步伴隨你一生。投入太深，讓生活失去平衡，也不會持久，要讓它長長久久就必須化為「平常心」，以清淡的方式去面對，以平常心去執行。

我們樂見這幾年台灣路跑蓬勃發展，一年居然有近五十場的馬拉松，路跑季幾乎每個週末都有馬拉松賽，主辦單位搶著上跑者廣場去登記賽事消息卡日期。但是在高興之餘也不免憂心，擔心這榮景是否可以持續？會不會像前幾年自行車狂熱現象，一條兩公里長的木柵路，最多時居然開了九家自行車店，然後當狂熱退潮之後，又回復到兩家？有馬必跑，是否會妨礙了家庭生活？對身體的健康是否有負面的影響？每一個人身體與生活方式有很大的個別差異，需要自己去衡量自己的條件是否應該如此。平常生活就以工作為重心，工作時間長的人，週末不好好陪陪家人，做家事，生活會不平衡。大多數現代人的生活是由「工作」加上「休息」（包括睡覺）和「休閒」構成。上個世紀初，大多數的人的生活只有兩項：工作和休息，在經濟繁榮之後，人們才擁有「休閒娛樂」的。跑步是運動的一項，運動又是休閒的一種，如果休閒只是運動，運動又只是跑步，在生活中的「休閒」範圍會不會太狹隘？

如果休閒中有閱讀、音樂、看電視、運動等多樣化的休閒，我們生活會不會更多采多姿？如果我們運動項目有騎自行車、游泳、登山健行、打球、跑步，那麼我們身體發展會不會更平衡？更享受運動的樂趣？我覺得我們要跟婷婷學習的是她巧妙地把多樣化元素加入運動中，才能保持新鮮感，最聰明的運動者會在不同的季節從事不同的運動，讓身體肌力的發展平衡，讓一直常用的肌肉肌腱休息，在明年下一個季節來臨時，身體因肌肉肌腱有了充分的休息而有進步的空間，也不易造成累積性的運動傷害。

跑步太多太猛，造成的常見的運動傷害有幾個部位：1．髖骨骨盆。髖骨摩擦骨盆過多或不均衡的動作，骨盆內的軟骨變薄或者破裂，造成走路時都會疼痛。2．膝蓋。膝蓋是人體最「操」的關節，也因此是人體構造最精密也是最複雜的關節。大小腿骨、軟骨、肌腱、韌帶、關節、關節囊等數十個人體機件匯集在這裡，過度使用或者使用不當某一機件，所有機件跟著調整補償，但是到了某一限度，無法互相幫忙時，就「整組壞去了」。3．脛骨（小腿骨）。跑步時因力學關係，略微彎曲的脛骨的某一點受力最大，重複使用太多，產生應力性骨折或疲勞性骨折，症狀是痠痛，跑不多遠就開始痠痛。4．腳踝與腳掌。踝關節因撞擊太多次，關節液從關節囊流出來，有的鈣化成腳掌後邊凸出一塊硬肉，需要手術割除。有的形成腱鞘炎，跑步會疼痛。足底肌膜炎是長跑者的夢魘，一下床那幾步痛徹心腑。許多運動傷害可以透過治療獲得改善，但也有些運動傷害不可逆，因此在大比賽之後，讓身體有充分的休息是必要的。

別人可以每週來兩個馬拉松，並不代表每一個人都可以如此。讓我們學習宏榮，減低出賽次數，練習時間不多時就減低出賽頻率或者改跑半馬。也學習婷婷，多做幾項運動，讓身體可以休息，讓運動更具趣味，也讓生活更平衡。

第六章

跑步是信仰，是終身志業

「無所為而跑」是跑步的最高境界，關於成績、速度、場次、距離這種數字上的追逐與堆疊，只是一時心裡的滿足與虛榮；乃至於健康、減肥、好人緣、聲名等種種，頂多只是附加價值罷了。青春會流逝，體力會剝落，往後的日日月月年年，我們終究會漸漸蒼老，現在可以如常奔跑的我是何等美妙，在腳步不停地前後移動中，心情是如此寧靜而滿足，只要這樣一直奔跑下去，這輩子應該就了無遺憾了吧！

有一種人在奔跑到極致以後，跑得盡興又豁達，就只是在山林裡盡情奔跑，或是想盡辦法要向更多人招手一起來跑步，跑步之於他們是信仰，也是終身志業。黃政達跟陳志岡都是跑了二十年，在跑步裡領略出無盡好處的人，一個用盡心思推廣跑步，用文章、用照片、用網路、用辦賽事等各種手段與平台，致力透過跑步這種「最積極的功德」來幫助有緣人。「跑步改變我的一生。」阿達這樣說。

大岡喜歡聖雄甘地那句經典名詞的意境。「Live as if you were to die tomorrow. Learn as if you were to live forever.」（活著，如同生命中最後一天般活著。學習，如同你會永遠活著般學習。）即使是日復一日年復一年永無止境做著同樣的事情，跑過的山林景致就像流轉人生，這是一種自由的開展，一種無可取代的心靈良方。

百馬王子黃政達的美麗藍圖

「百馬俱樂部」正以滾雪球效應般迅速壯大，破紀錄的年齡層也不斷在改寫，往下降到二十三歲，跑步變成最受歡迎的全民運動似乎沒那麼遙不可及了，尤其馬拉松潛在人口更快速被挖掘出來。如果要說在背後推動的幾個龐大的力量，擁有超高知名度與絕佳人緣的「ㄚ達啦」黃政達絕對功不可沒，那一年「台灣最年輕的百馬王子」因為一場美麗的錯誤，開啟人生另一扇窗，跑而優則辦賽事，二〇一一億載金城星光馬勢如破竹，掀起國內馬拉松賽秒殺的濫觴。

「ㄚ達啦的腦子裡到底在想什麼？」

這個熱血男子，還會端出什麼讓人驚奇的大菜？

世人交頭接耳但不必竊竊私語，而是在跑者廣場殷殷盼望，那個行銷能力一流的阿達這回又會拿出什麼看家本領來，即使已經成功搶到門票了，總還是希望可以看到賽事的種種，是他把大家慣壞了嗎？還是他有過度渲染、誇大行銷的「嫌疑」？

他只是想要顛覆傳統，希望辦一場完全透明的賽事，這是他的興趣，喜歡拍照、書寫與分享，對於台南這塊土地有著深厚的情感，他用感性與感情寫出一篇篇圖文並茂的好文字，完全不藏私，真實呈現他眼中的台南之美。每一次賽事都是由衷喜歡的路線，所以阿達總是高調宣傳與行銷，把ㄚ南的場子炒得火熱，他心安理得。

網路行銷造勢成功

那是一場締造很多紀錄的超夯賽事。緣起於二〇〇九年由大腳ㄚ長跑協會ㄚ南分部首度舉辦的億載金城馬拉松，雖然是豔陽高照的七月天，阿達對路線有信心，原本預設至少會吸引一千多人，結果只有七、八百人參加，結束之後滿沮喪的，人數沒達到目標只是個小小原因，他在意的是，賽事沒有達到腦海中描繪出來的情境，好失落。

阿達的字典裡沒有挫敗與退縮，他總是會在失意中思考、檢討，直到那道光出現，接下來就會來個情勢大逆轉。他獨自來到億載金城流連，還是深深被它所吸引，這麼美好的地方為什麼無法達到預期的目標？當下就決定一定要再捲土重來，而且是全新型態的星光馬。

怎麼膽敢選在如此炎熱的七月？過去這個季節絕對是「放暑假」，各個主辦單位避之唯恐不及。阿達仔的思維很特別，正因為這時候所有賽事都打烊了，絕對不會「撞馬」，而且讓跑友有個新的選擇。再怎麼惡劣的天氣總有辦法可以克服，例如，沿路準備冰塊，用大水桶來消暑，供應大量冰涼飲料等；兩年多前那場規模迷你的賽事，就留下很多珍貴的鏡頭，每看一次還是會悸動不已。

星光馬的點子一浮現腦海，阿達就會想盡辦法去實現。果然隊友都很驚訝，質疑聲浪此起彼落，大夥兒都不太樂觀。個性敢衝，又有「憨膽」，從來就不會打退堂鼓，他用盡各種方法去說服隊友，一次又一次試跑，把沿途中美麗的夜景打包回家，這些統統都成為他的行銷素材。

去年二月下旬，還有將近五個月的時間，億載金城星光馬已經在跑者廣場提前開跑。大腳ㄚㄚ南分會網軍挾持萬馬奔騰的氣勢，開始發動網路行銷，消息一波波釋出，甚至打出五月二十日下午一點十四分開始報名。怎麼會選擇這麼奇怪的時間？「我愛你一生一世！」噢噢噢，連這麼細微的地方都不「放過」，就是因為這種滴水不漏的創意行銷，讓星光馬掀起一陣瘋馬狂潮，原本預計一千五百個名額，最後卻爆衝到三千人以上，有種全台馬拉松大軍壓境的震撼，足以拿來做為網路行銷大成功的教材了。

這些，早在阿達的預料之間，他沒有被驚嚇到。雖然笑稱自己敢衝，但他並不是漫無目標或無計畫性地莽衝，一路衝到底，反而還有雙魚座的浪漫與極為細膩的心思，一旦決定了，就會義無反顧執著到底。之所以「老神在在」，是因為阿達手上有幾張王牌：1．台南安平本身就擁有極優的條件，有歷史、有美景、有特色、有人氣，還有相當誘人的美食小吃。2．即使路線規劃是重複兩趟，美麗的空間搭配時間轉換上的設計巧思，一樣能展現不同的風貌，更可以開創出更大的價值。在阿達眼裡，安平是個發揮創意的絕佳舞台。3．結合星光戀人的fu，滿月、星空、煙花、營火……很容易給人一種浪漫幸福的想像。4．以秒殺做為誘餌把氣氛烘托到最高點，ㄚ南網軍各個擅長炒作，跑者被搔得心癢難耐，非跑不可的慾望徹底被激發到極致。

結果一場大雨把這些美好的畫面跟美夢給打壞了，所有關於浪漫的想像，變成一隻隻落湯雞，那些用來讓跑者們消暑用的冰品，似乎派不上用場……總是個經驗，不管結果如何。阿達依然深信，如果星光馬繼續辦下去，總有一天會讓大家看見安平的美麗；何妨樂觀地想，說不定可以預留下一次的美麗期待呢！

拆掉石膏，盡情奔跑吧！

阿達的跑齡已經超過二十年，雖然才四十歲出頭，已經是資深前輩之列。大一下學期那場車禍，右腳骨頭差點全斷，醫師交代他絕對不能碰地才能癒合完全，他乖乖聽話，打了半年石膏，不敢輕舉妄動。時間無情地流逝掉，竟然還有三分之二的裂縫，連骨膜也沒有長出來，更叫他洩氣的是可以感覺到躲在石膏底下的腳一直在萎縮中。正值年輕氣盛，怎能忍受這樣的結果？阿達對西醫徹底失去信心，二話不說就把石膏鋸掉，看到鏡子裡的自己嚇一大跳，兩隻腳粗細竟然差了一倍！「這是我的腳嗎？」他喃喃自語，不敢置信。

後來轉去看中醫，獲得完全不同的治療方式，因為骨頭沒有全斷，中醫師吩咐他要天天去觸碰地面，刺激它，骨膜才會加速癒合。他改用三個夾板固定住，從那時開始學走路，成效很顯著，沒多久就拆掉夾板，恢復正常人的樣貌了，想找個可以加速復元的運動，原本很喜歡打羽毛球，又擔心經常移位而且比較刺激，那就換個獨立性強又溫和的方式好了，於是，阿達仔開始運動場的走路歲月。

這一走，讓他發現這個領域裡好像有很多不可思議的事情。操場上的風光看似單調，卻蘊藏很多神奇的事情，竟然會有六、七十歲的老先生一直跑個不停，繞了三、四十圈還面不改色，速度、節奏、體能都讓他望塵莫及，驚訝不已。他暗自立誓，「我也要來跑跑看！」剛重新學會走路讓他那隻被禁錮半年的右腳，終於可以拋開夾板「自立更生」；那麼，跑步應該會讓它加速復元吧，阿達的跑步人生從此揭開序幕。

不跑步的人都說會傷膝蓋，長輩們總是憂心忡忡地說，「麥造啊，擱造咖ㄟ壞企啦（不要跑了，再跑腳會壞掉）！」世人總是有兩個根深柢固的觀念：跑步以後膝蓋會受傷，或者，膝蓋受過傷不能跑步，導致很多人卻步不前，遲遲不敢勞動自己的雙腳，他們寧可相信，游泳、瑜伽、韻律舞、太極拳、騎車、打球等，這些運動才是保護膝蓋的好方法。阿達就是個活生生的例子，在在證明，跑步其實是個很溫和的運動。

不過開啟跑步生涯以後，阿達有更深的領悟跟意想不到的獲得。很多人進入跑步界的動機是身體健康，他卻把這健康視為跑步的一種附加效益，真正最大的獲益是心理層面的影響，以及他做事情的態度，跑步以後的他，整個人生態度都改變了。浪漫、知性如他，更想追求的是心靈層面的蛻變，這是跑步帶給他意想不到的珍貴禮物。

剛開始，阿達也著迷於速度的精進與跑馬業績迅速累積，在那個台灣一年馬拉松賽事屈指可數的年代，他把握每一場卯足勁全力衝刺，追求跑馬業績是跑步的初衷，也是一股龐大的動力。

「畢竟我也是年輕人！也想跑進三小時，也想跑百馬，可以在生日那天完成百馬是件很美麗又浪漫的事。」

一場美麗的錯誤促成拜年馬

阿達意外發現，二〇〇八年三月九日，他三十八歲生日那天剛好有場賽事，剛好可以完成第一百場馬拉松，多麼棒的機緣與奢求。只是，要寫下這樣的紀錄就要付出絕對的努力，之前的每場都要認真去跑，絕對不能落馬，這樣才能成就畢生難忘的美妙生日。結果人算不如天算。第九十五馬遇到高雄祈福百K，雖不至於敢說輕而易舉，阿達卻信心滿滿覺得完全不是問題。

即使是經驗豐富的跑者，也無法預料當下會有什麼不可違逆的情況發生。那天阿達狀況百出，全身上下所有地方都抽過筋，陷入苦戰，僅存的能量消耗殆盡，妻子、丈母娘都忍不住心疼得掉淚了，最後他只好忍痛放棄，徒留一堆遺憾的嘆息聲。或許當時氣勢如虹，即將改變台灣最年輕的百馬紀錄，讓他太過自信也太鐵齒，大膽穿一雙新鞋上場，他以為之前就穿過完全一樣的款式只是換上新的，當然不會有問題；卻沒料到，新鞋跟雙腳的磨合不是很好，跑感不佳，很不習慣。

明明練習量夠，明明之前每一場都跑得那麼順暢，明明基本實力沒問題，怎麼說都該是志在必得。可事實卻那麼殘酷，他落馬了！隊友想幫他圓夢，決定辦一場賽事，起心動念只是一瞬之間而已，阿達知道說說很容易，重點是要動手去做才能夠落實。

那時距離三月九日所剩無幾，假日的賽事幾乎都排滿了，看來看去就大年初一最適合，那麼，就來辦一場「拜年馬」吧。結果真的在短短兩週內辦成一場賽事，而且還有將近

攝影/涂宏榮

攝影/陳世偵

一百人來參加，好像作夢一樣，一切發生得那麼自然，卻又是如此不可思議。

阿達很感念隊友願意在大年初一來幫忙，賽事的規劃、細節的安排這些事情就盡量自己做，不要太麻煩別人。決定了就不要遲疑，隔兩、三天開車去探勘路線，馬上把照片po上網路，學生時代有辦過路跑賽，有些大致的概念，至於里程數夠不夠精準無所謂，他很單純地想只要超過42.195K就可以，橫豎是為了拚業績，只能超過，絕對不能短少。

也不曉得哪來的靈感，天外飛來一筆，直覺關仔嶺不錯，阿達心裡有個譜，就以它做為主體，開著車四處走走逛逛，然後福至心靈，閃過一道光芒，發現善化啤酒廠這個地方。馬上開車把兩個地點串聯起來，一看，四十六公里，太好了，第一屆拜年馬就這麼拍板定案，興致勃勃之餘，壓根沒料到一籮筐從沒想過的問題接踵而至，其中路權申請就是一大難題，這時他那獨特的憨膽立即發揮最大的「功效」，從各個不同管道去詢問、探索，想辦法逐一克服解決，無形中學會一身好本領，也埋下日後他「轉型」往辦賽事發展的嶄新人生。

因為跑步，才讓阿達有這種不服輸，敢拚敢衝，永不退縮的精神嗎？或許是與生俱來的個性使然，跑步當然是個巨大的能量來源，才會讓這場臨時倉卒成軍的拜年馬突破重重難關，締造半個月辦一場賽事的驚人紀錄。第一次，出發點是「陪阿達補回一場馬拉松」，那就免報名費，只要有招到足夠的人來參加，證明這不是關起門來自己玩，而是聯合大眾一起辦的賽事，馬拉松普查才會承認。

鼠年拜年馬大成功，阿達心中滿是感激與感恩，他許下一個承諾，未來十二年都要舉辦拜年馬來回饋跑友，剛好可以集滿一輪生肖！回想起來，塞翁失馬焉知非福，如果沒有那場挫敗，就不會造就現在人人豎起大拇指說讚的「ㄚ南（阿達）的賽事」，特別是每年農曆初一早上六點開跑的拜年馬更是辦出口碑來，雖然只是兩、三百人的迷你馬拉松，卻形塑出兩大特色：每年的路線都不一樣，而且，都只有單程。第五輪的龍年馬跑到七股，阿達立志要把大台南所有區域都跑遍，這是他心中的美麗藍圖。

想追求更多元化的豐富人生

對很多人而言，就只是單純的跑步而已，拎起一只大大的馬拉松專屬袋子，周而復始地參加賽事，不管過程跑得好不好，帶給自己什麼樣的感覺，頂多幾個小時就結束了。但辦賽事不一樣，事前就得投入大量時間、精神與心力，而且，要處理的大小事多如牛毛，繁瑣細碎的事情遠超乎想像，如果不是有著莫大的熱忱與極度的喜愛，很難一場接一場辦下去。

星光馬網路開放報名短短幾天，公開看得到的網路留言就已經夠驚人，阿達個人至少接到超過五百通電話，寫超過五百封信，來自四面八方的壓力排山倒海而來，怎麼承受得起？「要感謝太太的全然包容，家庭的支持是我最大的動力。」他雖然瘋跑肖跑熱中賽事，但也很用心經營家庭，獲得全家一起支持，甚至是身邊的親朋好友在賽事當天都是總動員，大家一起參與。

背後有濃濃的愛的力量，讓阿達有足夠的智慧與ＥＱ應付大小事。星光馬雖然犯下補給上的缺失，但它終究是個新鮮大膽的嘗試，以創意取勝，成功營造出秒殺的驚人紀錄外，給阿達最大的啟發是，那場大雨把所有志工的熱情統統都激發出來了；另外，還有很多讓他意想不到的友誼。他有了更深切的認知，一場好的比賽，主角不是跑者，而是無私付出的志工跟發自內心加油的群眾。

辦比賽以後才發現，跑步不只是跑步，辦馬拉松也不只是辦馬拉松而已，其中的奧妙與學問，本身是很活的東西。「我要辦的是很人性化，讓大家可以感動很久的馬拉松，不是繳七百元奔跑完畢領紀念品回去而已。」阿達想辦的是，一場讓大家跑完後會一輩子永遠記得的賽事。

一個人感動之後，才會幫你擴展出去，拉更多人進來跑步，就像很多從來沒有跑過步的志工，最初的動機可能是紀念衫很漂亮，或者活動本身很新鮮，基本的熱情是有的。直到親身參與過後，會覺得原來馬拉松這麼好玩，會很熱血很興奮，經歷過後就會躍躍欲試，看到那麼多年紀大的人都可以跑了，說不定會起心動念：「他們都可以了，為什麼我不能跑？」一旦蠢蠢欲動，腳癢難耐，哪天終究也投入跑馬的陣容，就達到阿達的目的了。

志工與群眾都是一顆種子，星光馬以創意當作主軸，把跑步的基本盤明顯往外擴充了，這就是阿達的夢想。幾場國外大型城市馬帶給他的震撼，看到人家是怎樣的規格與態度在設計一個比賽，他反覆思考台灣城市馬拉松跟別人的差異在哪裡，主辦單位有沒有用心去思考，一直以來，他苦苦尋找卻遍尋不著國外賽事那種味道，關鍵點到底在哪裡。「主辦單位如果沒有用心去經營的話，我是不是可以主動用社團的角度來設計、去切入這樣的比賽。」這是阿達辦賽事的初衷，也是不變的核心價值，正因為他熱愛自己的家鄉，想透過馬拉松賽事把在地的特色行銷出去，創意正是他的強項之處。

不管什麼活動，如果死板板的，了無新意，就不會有特別深刻的感受。現在一年有三、四十場馬拉松，如果只是照本宣科跑完42.195K就拍拍屁股走人，總覺得這樣沒什麼意思。在阿達的想像與認知裡，42.195K這麼長的距離並不是只有跑步這麼單調的東西而已，一定可以加入很多元素，讓跑步的里程更豐富更精采更難忘，結束後讓大家的感受更強烈，更意猶未盡。國外馬拉松賽事魂縈夢牽的綿長思念，讓阿達未來辦比賽有更大的野心，他想要加入更多的創意與靈感，想超越國外馬拉松，在故鄉辦一場萬頭攢動且讓人終身難忘的賽事。

辦賽事熱情推廣跑步

如何兼顧跑者與辦賽事這兩個角色，畢竟時間就是那麼有限，免不了會有排擠與衝突，怎麼取捨？以前阿達志在拚業績，三十八歲完成百馬當下的確很虛榮也很驕傲，但幾個月光景後，熱度很快就消失了，台灣馬拉松風氣一旦形成，紀錄很快就被打破，如果太執著於數字就會失去跑馬的初衷，阿達想要的是心靈的提升與進化，剛好辦賽事更符合他的心境。

剛退伍面對找工作的抉擇，讀理工的阿達用跑馬拉松的精神來準備高普考，曾有過一天苦讀十四小時的紀錄，第一個進圖書館，最後一個離開。短短三個月不到放榜了，他拿下榜首，當時就有很大的體驗，覺得跑馬拉松不只是單純的跑步而已，它可以推展到整個日常生活，包括做人處世、待人接物、職場上的態度，全部都可以應用得到，那時他就在心裡發下一個宏願：要竭盡所能把馬拉松推廣出去。

正因為他重視心靈層面的感受，對賽事也有很大的企圖心，一場馬拉松不是只有跑者跟志工而已，而是整個市民一起參與，他想要的是跑者與在地民眾的互動，可以讓整個城市（鄉鎮）的居民都跟著沸騰的馬拉松，要在人潮最多的時候跑過最菁華的地段，把這個地方行銷出去，這樣才可以創造出多贏的局面，每個人都是贏家。

阿達想趁著還算年輕，有體力、有資源、有支持的隊友，「應該要在這個業界與領域裡，做出能夠影響更多人的事情。」他想要更多元化的跑步人生，於是，他在各個領域裡尋覓志同道合的人一起打拚，打造自己或是大家的美夢，當然這不是件容易的事，他也察覺到自己似乎開始在「玩火」了，有可能一戰成名，更有可能一敗塗地，但他不怕，依舊勇往直前。

辦馬拉松賽事對他永遠是個挑戰，一場接一場的挑戰，也是一場接一場的自我實現，每個人的才華與興趣不同，追求的目標也不盡相同，百馬之後，阿達找到更想去追逐的馬拉松夢，「既然選擇走這條路，不管未來如何，終將無怨無悔。」過去阿達常常覺得自己很平庸，卻又不甘於平庸，後來漸漸體會出簡單才是最大的幸福，做任何事情不需要求什麼回報，只要做的過程覺得很爽快，哪怕是自我感覺良好的成就感，也就夠了。

跑步之於他的啟發，不再是為一堆冠冕堂皇的理由而跑，包括健康、名聲、財富、人氣等凡此種種，頂多只是附加價值罷了，「無所為而跑」才是最高境界，阿達想追求的是內心的滿足與實在的慰藉，這也是他費盡心思，傾盡全力推廣跑步的緣起。不為什麼，只因為跑了二十幾年深知跑步的好，哪怕是幾天幾夜也無法道盡，好東西就要和更多有緣人一起來分享，於是，他用文章、用照片、用網路、用舉辦活動等各種手段、各種平台，來做這種「最積極的功德」，幫助有緣人。

阿達不是個愛出風頭的人，頂多只是在追逐二十年前就在心裡萌芽的美夢。在意的不是在跑步這個圈子裡多有人氣或多麼夯，偶爾頂多是小小的虛榮一下，笑笑罷了，轉身之後，終究要回歸孤獨，當一個「面對痛苦，承擔痛苦，忍耐痛苦，超越痛苦」的平凡跑者。

「跑步是我的麻吉！會用一輩子的精力去推廣跑步，直到我生命的最後一天。」阿達如此深情款款地看待跑步。

如何辦一場馬拉松賽

——郭豐州的觀察——

去年七月我也去阿達的星光馬參一腳，明瞭阿達的比賽跟許多其他俱樂部辦的比賽一樣都很有特色，辦得都比我好，實在不需要我來講如何辦比賽。不過辦過的比賽性質不同，也許可以把我的辦比賽方法跟大家分享切磋。

我辦的比賽屬於大型賽事或者是國際性賽事居多，從一九九五年高雄馬拉松開始，辦過的比賽場次已經不記得有多少，比較大型的有一九九六年開始的台北馬拉松，二〇〇〇年桃園復興鄉的大自然挑戰賽，二〇〇三年台南曾文水庫超級馬拉松一百公里世界盃錦標賽，二〇〇六年圓山二十四小時世界盃錦標賽，十一屆的東吳國際超馬二十四小時賽，這些比賽中我的角色都是賽事監督（Race director），也就是負責跟賽事直接相關的事物。二〇〇七年起，還擔任希臘雅典超馬嘉年華賽事的籌備委員至今。

有校園小記者來訪問我，問我的資訊本業和體育運動有沒有關聯？有的，我在籌備賽事的過程其實就是使用我們軟體開發方法：先進行「系統分析」得知系統目標與功能，再進行「系統設計」得到工程藍圖，最後是進行「程式設計與測試上線」。

籌備賽事也是一樣的做法，我會先思考這比賽的目標為何？不同的比賽有不同的目標，例如東吳超馬賽的目標是「幫助參賽者創造個人最佳成績」，陽明山越野賽的目標是「讓所有跑者安全又愉快地完成賽事」，接著我要設計如何達到這些目標？需要哪些組別執行哪些工作才能達到目標？東吳超馬賽因為會有優秀的選手破紀錄，所以我們需要設一組藥檢組；陽明山越野賽要讓選手安全回終點，於是設有兩輛流動醫護車做為醫護組。換言之，「組織」是設計的第一步工作，把各組工作任務完整定義清楚，各組工作目標白紙黑字記錄出來，給該組工作人員工作時有目標依循。接著要找各組組長，請肯負責而有經驗的人來擔任重責。

組織工作完成後，即召開第一次籌備會議，與會的人就是各組組長，會議目地是讓組長知道活動目標、經費預算與活動大綱，讓他們回去之後開始寫出工作流程與工作人員編組。會議一共開三次，每一次都各有目標與後續工作。第二次籌備會議，與會的還是各組組長，請他們報告各組的工作流程與人員編組，白話一點地說，就是講他們這一組如何工作。由於各組報告冗長，所以這一次會議可分幾次召開，把工作性質相關聯的集合在一起，例如競賽、裁判、檢錄與成績四組工作相關，就合在一起開，另外的獎典、廣播、文宣等組另外合一組召開。第三次籌備會議在賽前召開，主要內容在各組橫向聯繫，和解決問題。大型活動我會在會議上做活動當天流程模擬演練，按時間為序，把各組工作帶進來，讓其他組也知道各組工作內容，工作銜接才能順利。

我想大家籌備賽事步驟應大同小異，倒是我比較有深刻經驗的是，我發現我幾乎都在資源不足的狀況下辦活動，不是經費不足就是人手不足，或者兼而有之。我的心得是，我們也只能在資源不充裕的狀況下盡量辦得好，此時我會列出數個活動成功關鍵因素，然後把資源多分配在這幾個關鍵點上面，其他的部分能做多少算多少，例如此場比賽成績記錄很重要，不能出差錯，那我就把經費花在租用晶片系統上面，因為晶片系統有公信力且成績精確。我的經驗是「沒有零缺點的活動」，尤其在資源不充裕的狀況下必須有所取捨，牢牢掌握這幾個關鍵賽事就是成功。

阿達人長得很古意，看起來就很有親和力，更高興彼此都以推動跑步為職志，我想我會常常回鄉去參加他的比賽，跟他學習，也順道回到成長的地方遛遛。

跑了一千多個日子的連跑達人陳志岡

跑步，說穿了就是雙腳不斷交互移動前進，帶有快慢不同的速度，就是這麼簡單的事。只是在這種看似非常單調無聊的機械動作裡，日復一日地重複著，腳在動，腦在轉，一串文字就這麼輕輕悄悄地流瀉出來，每天或許只是個小品，時間的河流呀流的，當它彎沿過一千個日子之後，就匯集成一本動人的詩章，那是一首屬於一個名叫陳志岡的男人的浩大史詩。

跑步的樣貌有千百種，大岡兀自譜出另一種驚奇，原來，不為賽事，不在快慢，不求距離，不管路徑，只要把它當成跟呼吸一樣自然的事，就可以天天跑步，再也沒有什麼可以阻撓了。生命經常有悶到，或輕或淺，出外跑步透氣就是當下情緒最好的出口，哪怕是陽光灑落或是雨水兜頭淋下，都是清新可喜，隨著心臟的律動與汗水的奔流，那悶，就迎刃而解了！

從阿姆斯壯登陸地球那天起

「天天跑達人」大岡對於跑步自有他獨特的見解。他愛閱讀，很喜歡閱讀國外運動網站，既可以培養英文能力，又可以尋找新知，看看外面的人怎麼跑步。就讓他發現了一個很有趣的網站——The United States Running Streak Association，美國天天跑步協會，開宗明義規範，會員必須天天憑著自己的力量，不能靠滑輪、彈簧、滑板等機械的力量，自力而為地至少跑步一英里（1.6K）。這個理念跟大岡所接觸到的截然不同，都說跑個四、五天後就要適度休息，還說要有速度強度或者用時間來累積距離，可是偏偏有這樣一群人要打破這個迷思，要天天跑步，而且跑得健康跑得自在。

太有趣了，這個世界上怎麼會有一些人致力於天天跑步，喚起大岡對他們的想像與好奇心，想進一步去了解。就這樣栽進去了，仔細研究後發現門檻很簡單，一點都不難，原來，天天跑的理念係緣起於「健康跑步是生活的一部分」，所以既沒有速度限制，也沒有場地跟時間限制，就是天天跑，唯一的條件就是1.6K「起跳」。

他笑了，就是這麼簡單，我們總是想太多，一旦複雜了就會參雜太多元素進來，漸漸失去那份初始心，純粹的美好。對跑步族群而言，彈指間就可以完成的事情，可是，三百六十五天不中斷，甚至十年、三十年，貫穿成長長的一生，有多少人能夠把它吟唱成一首生命之歌？

美國天天跑協會超過兩百五十個會員裡，已經有五十四個會員奔跑超過三十年以上從未中斷過，其中排名第一的Mark Covert更是從一九六八年開始到現在，漫長四十四載不辭寒暑每天都跑，經歷四個小孩出生，在迎接新生命的喜悅中跑步；父母過世了，在悲傷的情境中依然跑步。從十八歲的年輕小夥子跑過了菁華的中年與壯年，跑成白髮蒼蒼六十幾歲的爺爺，雙腳仍是那麼堅毅有力。

有人問他天天跑覺得怎麼樣？Mark輕描淡寫地回答，就像天天刷牙、洗臉一樣，並不是什麼撼天動地的行為，就只是生活的一部分罷了。人的一生究竟有多長？從阿姆斯壯登陸月球就開始跑步，世事如此變化又那麼無常，竟然還能天天跑步！能夠有個運動可以貫穿自己的少年、青年、壯年、老年，這是何等美妙的信仰，當它日復一日地累積下去以後，或許會綿延成一股像鄉愁般難以割捨的情緒吧。

用JogNote譜出一千天的小品文

這樣的信仰撼動了大岡，從當兵時就開始跑步，斷續已經儲存二十年的跑齡，三年多前他開啟了天天跑生涯，找到一個簡單好用的日本網站JogNote，就這樣，去年十二月，他已經連續奔跑一千天，也寫了一千天的運動手札。這只是一個數字里程碑，雙腳與雙手持續向前邁進，沒有目標，也看不到終點，抬頭仰望，淨是一片無垠的藍天！

大岡跑步的初衷是減肥，那年差點因為太胖當不了兵，讓他好生焦急。得自於遺傳，只要呼吸空氣就會胖，九十公斤讓他覺得負荷太重，就認真跑步，剛開始效益特佳，體重像拋物線般直直滑落，很快就到七十二、七十三公斤，然後就停滯不動，陷入膠著了。這也無妨，至少整個人神清氣爽，體能狀況感覺良好，天天在有坡度起伏的新竹十八尖山奔跑，大氣也不會喘一下，還能聲如洪鐘大聲哈啦談笑。

流露出濃厚的人文氣息，在那個電腦還不發達的年代，大岡在筆記本寫下密密麻麻的

陳志岡提供

陳志岡提供

跑步日記，還有很多跑步相關剪報，字跡工整，版面乾淨，看起來一整個賞心悅目，又讚歎連連。「有所本」的文字紀錄寫了約六本，最近四、五年轉到電腦上來，他的跑步運動日誌換成了電子檔，一樣是那麼香濃醇，原汁原味不打折，像個取之不盡的寶藏般，裡頭豈止是跑步、奔山，多少時間、速率、里程、成績等這些理性的紀錄而已，還有更多人文色彩與人生態度。

JogNote是個看似熱鬧，卻可以保有自己的一個角落，每天一個格子，以月為單位，十二個大格子串成三百六十五天的運動diary，而且，不必每年更換一本，可以年復一年使用下去。雖然是純日文介面，一些國內愛跑步的朋友也來這裡築巢，身為「始祖」的大岡自然連結出很多格友，彼此透過文字分享跑步二三事，興趣相同很快就熟稔起來，只是志不在參賽的大岡蒙上一層神祕色彩，很難遇到他的「本尊」。

網路是個很有趣的連結，改變了人與人的互動模式，有些人事實上一年也見不到兩、三次，因為這個無遠弗屆的媒介，熱絡往來，遇上了當然毫無距離，像相識多年般熱絡，有趣極了。沒有人喜歡絕對熱鬧，永遠都要身處在繽紛多彩五光十色的場子裡，天天都在放煙火也是會疲累的；但是也沒絕對追求孤獨，離群而索居的人，即使是可以承受四十二公里或更遠距離的跑者，相對更能忍受孤獨，也是會透過部落格、跑者廣場、Facebook、Plurk來跟大家互動。

彷彿走在台北市忠孝東路四段一樣，即使是一個人走著，旁邊的人潮熙來攘往，熱鬧新潮時髦喧譁，但是你依舊保有自己的個體性與獨立性，「那是天秤很完美的一個平衡」，大岡總是用一種哲理來看待周遭。在JogNote填格子，即使很少出現在賽事會場，他不至於遠離人群，但也不會完全被這些熱鬧所轟炸，天天記錄下來，就會變成一條長長的河流，或者是一個不停地滾下去的滾軸，向無限的地方漫天漫地延伸開來。

找個讓自己安心自在的地方，讓我們的人生能夠適切又如實地記錄下來，哪怕只是芝麻綠豆般的小事，或是鉅細靡遺的流水帳，就算是風花雪月，都好，今天見到了哪些人，跑了幾公里，花了多少時間，腦海裡閃過什麼念頭，天空是不是有片雲，是不是有陣清風拂過自己的臉，日後再重新閱讀，不禁莞爾，這些就是讓我們很快樂的來源啊。

十八尖山練功房裡那群高談闊論的男人

奉行天天跑的信仰以後，大岡改變生活方式，早餐吃很飽，中午休息時間大家都是去覓食，他跨上機車十分鐘後就來到十八尖山，這是他所屬的尖山長跑隊的「練功房」，一個距離市區很近，日治時代建構的森林公園，由於長期被列為軍事所屬用地，保留大部分的原始森林面貌。這裡有蓊鬱的樹木茂密的林蔭，夏天不用擔心日曬，下雨天也能發揮適度的擋雨功能，即使是盛夏日正當中的酷熱時分，曝曬率也只有百分之三十至百分之四十而已，就算是天天中午恣意奔跑，大岡還是有跑者罕見的白皙。

多麼棒的練功房！難怪尖山這裡總是聚集一群愛跑步的人，沒有實質規範，卻自然形成晨跑、午跑、晚跑三個班別，也會吸引全台灣愛跑步的朋友，剛好來到新竹，忍不住就想去尖山朝聖，感受它奔跑的氛圍。沒有特別的約定，卻變成一種約定俗成的默契，中午到尖山就可以見到那人，如果你對他已經熟悉很久，很想見一面的話。

大岡是午跑班的固定成員，剛好清一色全是男人，Bee、財哥、阿吉、阿布等，來自不同的業界與角落，討論的話題海闊天空，天南地北，葷素不拘，可以嘻嘻哈哈，也可以嚴肅如政治、法律，甚至寬廣如科普中的鱒魚如何迴游到出生地，螞蟻可以在眾多路徑中找到最經濟的一條，沒有設限，端看心情隨機取材。

這群男人笑稱他們是噴口水班，整個尖山中午正是遊客最稀少的時刻，也只有在那個當下才能感覺到什麼叫「空山不見人，但聞人語響」的意境，山的那一頭有一群男人在嘰嘰喳喳講個不停，在山的這一頭就可以聽得到震天價響的聲音，宛如進香團般熱鬧。

男人很享受每天在十八尖山定點跑步的這種氛圍，甚至打了個不登大雅之堂，卻又如此傳神貼切的比喻：「妻不如妾，妾不如偷，偷不如偷不著」。如同跑步的人總喜歡「瞄時間」，這個不經意的習慣動作彷彿洩漏出潛意識裡的滿足，傳遞出一種「真好，人生又多賺到一小時的健康了。」原來，午跑班很享受這種偷時間的歡愉，擁有尖山這個可以天天及時行樂的後花園，分明有著高低起伏的坡度，上坡還可以輕鬆談笑風生，久了就像平地般自然，難怪尖山長跑社的成員個個跑起來疾如風，像武林高手。

尖山有個以「人體收音機」打響名號的男人小吳，之所以掙到這個封號，是來自於這人可以全程從頭到尾用有如洪鐘般的音量，精神抖擻高分貝聊個不停，馬拉松難不倒他，完全不會口渴甚至跑百K他照樣侃侃而談，口不乾舌不燥人不累，堪稱是奇葩。可大岡卻有一番觀察，老是嚷嚷要上山去吐沙，用「人體維基百科」形容更為貼切，小吳之所以不斷持續跑的動力來自於，需要一個傾聽他講話的人，獨自跑是跑不下去的，要有個「寄生」的對象才會跑個不停。

曾經有那麼一次在宜蘭國道五號蔣渭水紀念公路奔跑，那回練習量不夠，想逃卻被押上陣，十公里處遇到跑得飛快的小吳，從此我的漫長旅程不寂寞，他那永遠不會耗竭的電力源源不絕放送出一波波精采生動的話題。我無法回應，就放任他兀自講個不停，很神奇地完成了第四馬，成績還往前推進，一直銘記在心，懷有很深的感激。大岡卻給了我另一個奇妙的看法：「小吳心裡可能更感謝妳，有妳可以寄生，他才能跑得下去。」

很多年之後，對於馬拉松這件事情的回憶，跑了多少時間，跑什麼名次，這些會慢慢離我們而去，雲淡風輕，終究會忘記這些東西。卻會在一個美麗又愜意的午后，天很藍雲很白，剛好在輕風悠悠的時候，不經意間突然想起，曾經有過這樣一個人——陪你這樣跑步，那個感受，才會是永恆留存在心裡的美好回憶。

名次，成績，速度，競賽，這些都不會在大岡跑步的優先順序裡，他更珍惜一起跑步的美好時光，跟有趣的人在一起久了，日積月累下來，自己彷彿也覺得很有趣。每天利用中午一個半小時跑步，到山上去偷點清新空氣，讓暖陽輕輕吹拂著，抖落心上不著痕跡的塵埃，換上一個神采奕奕、煥然一新的自己，無事一身輕又回到工作崗位去。這是每天在十八尖山譜下的奏鳴曲，當然還有更壯闊的進行曲，等著在假日上演。

來去山上吐沙吧！

既然尖山裡高手雲集，個個武功高強，當然就不會只有一項本領，假日會有各種不同的團練路線，場地可能有西濱公路、苗栗環丘，以前是偶爾穿插跑山，現在「上山吐沙」已經變成大岡假日最「新潮」的休閒活動，有時候也要兼顧家庭，會帶著妻女同遊，她們在定點休憩觀光賞景，他往山裡跑去，不是好整以暇地拍照玩耍，他化身成「大岡．巴萊」，在山徑中飛快地奔跑著。

奔山奔成癮，大岡每週找弟弟小岡、小吳，或偶有「特別來賓」，一起上山吐沙。這個新名詞緣起於一趟鳥嘴山、大窩山、比林山一連串山林奔跑計畫，小吳迸出這樣一句話來：「我要上山吐沙。」經過一週在城市裡的汲汲營營與喧囂擾攘之後，身心俱疲，蒙上一層厚重的灰塵，假日非得遠離紅塵俗世，找到天寬闊的地方狠狠吐沙，彷彿把堆積在身上的「毒素」一次徹底釋放，換回一個清新的自己。充飽了電，自然就可以精神飽滿返回城裡接受凌遲與撕扯。

就這樣，他們在山裡輕快奔跑過的足跡越來越密，鵝公髻山、大鹿林道東段、霞喀羅古道等、清泉、雪霸等都有這群男人在山裡穿梭的蹤跡，慾望也被激發起來了，開始冀望那些讓自己心儀的大山。噢，百岳耶，這是癡人說夢吧！有些路線對多數人而言絕對是impossible，就是有那樣的難度在，再怎麼「省」都得跨夜才能完成，例如能高越嶺，結果偏偏這個不可能的任務卻被一個年輕跑者游錫恩，只用一天就直接橫斷了。

這個前無古人的紀錄震撼了很多人，對他們更是個莫大的鼓舞，未來充滿太多想像的空間。很多被我們視為不可行的路線，在大岡的父執輩或是更早以前，基本上是每天行走的路徑，他記得媽媽年輕時是新竹客運車掌小姐，每天會有一批人從尖山、谷峰、橫山等偏遠山區裡挑著山上產的蔬菜、水果，挑到南寮、香山等沿海地方買賣，做貨物的交換。經濟狀況比較好的人就搭客運，那時天天都是客滿盛況；窮困人家就靠雙腳徒步走，也就是說，這些山林裡的道路是先民賴以維生的路——世人看大岡他們已經覺得不可思議了，我們用走的就已經會疲憊，你們竟像風一般呼嘯而過？大岡卻淡淡笑說，我們就只是久久偶一為之的奔跑而已，先民卻是每天要扛著重重物資快步走這麼多，支撐他們能夠做到背後的力量是什麼？就是愛跟希望。

隨著馬拉松人口越來越多，42.195K的內心戲可能來不及醞釀，那種靈魂的交戰、撕扯、掙扎、搏鬥，已經變得淺薄，超馬跑者看不到盡頭的漫漫長路上，會出現心靈深處的煎熬。什麼樣的因子會促使自己去完成十二小時、二十四小時、斯巴達松246K、或希臘七日賽那樣艱難的目標，是愛？還是希望？

找回初始心

大岡喜歡回到初始心去找答案，他總是在有難度的挑戰裡，讓自己的腦海裡重返兩千五百年前希臘時代那一場流傳千古的馬拉松戰役，那個臨危受命的戰士如果沒有愛與希望，如何完成246K的奔跑？如果沒辦法使命必達，城就會被攻佔，也許妻子小孩就變成奴隸。

讓他忘記疲憊只是拚了命不停地奔跑，背後是背負著對家人、對國人、對國家的愛，多麼巨大的動力。他喜歡在賽事過程中回溯馬拉松的由來，讓自己還原到故事的初衷跟背後的靈魂，感覺自己距離勇者不會很遠，彷彿兩人一起在奔跑著，很親近的感覺。

心裡燃起了一把火，想要把美麗的山，一座一座奔跑過。只是，奔跑可能就會忽略了美景，要如何取得平衡？這個問題，碰觸到大岡對人生議題的思考。有人單攻大霸尖山，有人一日橫斷能高越嶺，如果以人生來做比喻，有很多任務並不是一次性就能夠達到；如果能夠一次就成功，當然再完美不過，但事實上人生充滿太多妥協，無法到達也沒關係，口袋裡總是得隨時擺幾個不同的劇本，更重要的是，我們很享受當中的過程，到最後能否達成目標也無關緊要了。

大岡深切感受到台灣得天獨厚，擁有老天爺賞賜給我們最好的禮物——豐富的山林以及千變萬化的路線，如果能夠很認真去經營的話，一點都不輸給白朗峰ＵＴＭＢ、富士山ＵＴＭＦ等全球超馬好手覬覦垂涎的經典路線。橫斷能高越嶺的新紀錄讓大岡心裡那把火，越燒越旺，把很多impossible變成possible吧！即使一次無法達成，分段進行也可以。

台灣有這麼多不輸給國外的寶藏，只是我們太少關注這塊土地。小岡常跟他說：「哥，既然我們還自詡是個擅跑的人，這不是老天爺給我們很好的禮物嗎？」當別人爬山要耗費很多體力時，大、小岡兄弟還有幾個吐沙夥伴用雙腳一日就可以跑得回來。也許可以以他們當成軸心，慢慢地把足以傲視群倫的山徑跑出來並記錄下來，當個先鋒者，讓不敢嘗試的人可以follow他們的腳步，有機會在台灣體驗壯闊刺激又讓人蕩氣迴腸的越野奔跑，多麼有意義。

運動其實不必那麼嚴肅，可以跑步爬山，也可以逛街健行散步，只要能夠讓身體處於動的狀態下，也能夠達到運動的功能。一年跑五千公里，跑很大、也跑得很好，卻強調不是追求速度是easy run的大岡對運動的看法很廣義，用他一貫溫和的態度看待這件事。

他舉村上春樹在《關於跑步，我說的其實是……》一書裡援引毛姆的說法：「任何一支刮鬍刀都有它的哲學在。」這個行為不管多麼無聊，天天做了以後，就會產生自我觀照。天天運動之後，就會進入觀照或哲學的層次，反而會擺脫形體上的束縛，不會去在意成績、時間的快慢，反而是很享受這樣的氣氛，享受跟別人一起跑步的感覺。

跑成一條長長的河流

過了四十歲以後，人生還有那麼多勝負要去追求嗎？跑馬拉松也好，超馬也好，就是在跟自己競賽，「要揚棄勝負的迷思，再怎麼厲害，跑道上永遠只有一個吳天王（吳文騫），第一名永遠只有一個，我們唯一跟他一樣的就是認真。」冠軍只有一個，但是認真的人可以有很多個，不管做什麼事情就是認真全力以赴，找出適合自己的跑道，跑出自己的成就。

大岡喜歡借用希臘神話裡薛西弗斯推石頭上山的故事，周而復始，日復一日，年復一年在做著看似毫無結果，沒有終點的機械而單調的事情。想想人生不也是如此嗎？每天太陽東升西落，一年春夏秋冬四季更迭，跟推滾大石頭很像，只是，在過程中有享受到什麼？跑步也是這樣的心境變化，或許是一種覺悟的歷程，也或許是另一種自由的開展。

這麼一想，心境豁然開朗，每天看似再普通不過的JogNote流水帳記事，「霎時竟也略帶著自我感覺良好的對待。」大岡謙遜的笑容裡，有一抹淺淺的幽默與不經意的自豪。二、三公里的芝麻里程也寫，溫度氣候風啊雲啊樹啊花草啊也寫，零碎片段口沫橫飛的亂談乃至於正經八百的時事，統統有，「我們大概只把跑步這一回事當成日常生活的一部分看待吧！」大岡的戰友Bee一本詼諧幽默地說著。

跑步對大岡的定義就像刷牙洗臉一樣，是生活的一部分，今天要不要跑步從來就不是他的選擇，他只是會問自己，今天什麼時候跑，要跑多少。希望大家能夠在跑步裡得到快樂，並傳達自己的快樂給別人。沒有太多強制的誓約，只有悠然綿長的淡淡情緒，他們就是這樣在十八尖山寫下厚厚的日誌，是跑步，是生活，是心情，也是一本有厚度的小品。

寫出自己專屬的跑步日誌

—郭豐州的觀察—

小魚這一篇大岡的故事寫得「特好」！大岡擁有單純的跑步動機，執行的毅力，是我仰慕的，哪像我和小魚常常光說不練，淨找藉口：趕稿，上課，開會，出國理由一堆，有時連「沒靈感跑步」的爛理由都出現了。「跑步就像刷牙洗臉一樣，是生活的一部分」是跑者的最高境界！我對於跑者的定義也是如此：「能將跑步運動融入日常生活中的人」，所以跑者不一定要天天跑，偶爾我們也會忘了刷牙吧？也不用一定要跑過馬拉松才能稱是跑者，經常跑個三公里、五公里不也很好？以前認識一位跑者小王，幾乎每天都來跑上一小時，可是他從來不參加比賽，因為他不喜歡競賽的氣氛，只喜歡無拘束地運動，你能說他不是跑者嗎？

心理學家說動物只有感覺，而人類不但有感覺，而且會蒐集感官訊號，傳到大腦處理後變成「知覺」，也就是說人們跑步時是有意識地動作，跑步會對人產生某些意義，而這些意義如果我們把它記錄下來，就成為屬於自己的跑步哲學。因此我常鼓勵學生把自己運動歷程寫下來，這種將感覺、情緒、情感經過內化後，會將跑步這項動作提升到更高的層次，也容易保持住運動的習慣。

心得感受可以寫在紙上，缺點是分享困難，無法享受電腦自動計算、儲存、搜尋等功能。大岡很聰明地找到工具JogNote幫他做跑步記錄，簡單地填寫資料之後就可以跟跑友分享一切，例如我上去看到「巴布今天早餐吃了豆漿、油蔥乾拌麵，跑了南隘路7.4K」，有互相砥礪的效果，軟體還會自動加總每週與每月公里數，提供了方便的自我管理功能。

市面上還有跑者用的軟體，有配合ＧＰＳ自動計算跑步距離的，有開訓練課表的，如果我們把一些分散的功能軟體整合起來變成一套跑者專用系統，裡面有主動傳來比賽資訊功能，有人工智慧教練自動開課表，也可以自動／人工記錄運動日誌等功能，它可以是網站介面，也可以是智慧型手機ＡＰＰ。讓我描述一下這套系統使用的情景：小王前一天晚上睡前從網站下載該軟體到自己的電腦中，同時也下載到智慧型手機中。早上坐上捷運往公司途中，手機發出一聲提醒聲音，一看是心儀已久的「北宜公路超馬賽」開始報名的資訊，他立即按下螢幕上「報名」鍵，數秒鐘之後，系統回傳問說報名費五百元從預付儲值卡中扣除嗎？小王按下「是」，再幾秒後系統回應：「您已經報名成功，目前報名的人數有三十三位，電子收據已經自動傳到您的信箱」。螢幕接著出現：「請問您要智慧型教練幫您開訓練課表嗎？」，小王按下「是」，系統立即根據小王的過去紀錄和本賽事的距離與坡度訂出一套計畫，中間還會跟小王對話，確認小王的參賽目標後修訂課表。小王指頭在手機上滑動一下，就看到今天的課表：「劍南山兩趟，中度空手肌力重量練習五回合」，想起昨晚設定軟體時有註明自己方便練習的地點之一是劍南山。該天晚上，小王做完功課後，上網把今天的心得輸入，網路立即更新，數秒鐘後跑友阿興簡訊就來了：「羡慕你準時完成訓練功課，我還在捷運上咧！」

我的資訊背景有能力完成上述的整合系統，但是太忙碌了，成功不必在我，只要有人有興趣，我都樂意協助完成，畢竟享受到的是所有跑者啊！

第七章
你也可以為自己寫下甘甜的初馬

只要跨出第一步，哪怕只是往前移動一公里而已，那麼，距離初馬完成已經減少到41.195K了。

人生，總有些值得驕傲的紀錄。跑一場馬拉松其實沒有想像中困難，卻可以換來巨大的喜悅，以及，屬於自己的驕傲紀錄，那會是一輩子彌足珍貴的回憶。不一定非得為自己設下太多的目標，就只是打破無形的框框，卸下無謂的枷鎖，在駛出常軌之外的人生劇本上，盡情地揮灑著，能夠執著而且專注去做一件事，單純地樂在其中，何等幸福。

可以順利而開心地跑完全程，當中的千迴百轉，痛並快樂的心路歷程，初馬的喜悅、開心、感動、興奮、甘甜，不管往後再經歷多少場馬拉松也無法被取代或抹殺。對很多人來說，跑馬拉松真的需要足夠的勇氣，要戰戰兢兢，要認真對待，千萬不要掉以輕心，散漫而隨意去看待一場賽事。

開始以後，不管跑了多少次，參加過幾次的比賽，每一次完跑後那種淋漓盡致的痛快感，都是那麼新鮮，那麼奇妙，那麼美好，覺得可以跑步的自己，可以一次又一次跟自己賽跑，挑戰自己的極限，是件多麼讓人雀躍不已的事。

琉蓮跟小V這兩個原本覺得這輩子十公里已經是極限的女生，竟然直接跳到「研究所」，跑出畢生難忘的初馬，找到單純愛跑步的一顆心，管他什麼速度與時間，就定定地朝那遙遠的終點奔去，一如村上春樹所說的，「重要的不是和時間競爭。而是能以多少充實感跑完四十二公里，自己能多愉快地享受，我相信以後這會擁有多大的意義。」

劉蓮菊伴君千里，戀戀馬拉松

那個總是堆滿笑容，陽光、可愛、開朗的女生，以「馬拉松攝影」闖出名號的劉蓮菊，原本抵死不從，說什麼也不會心動，堅決不把相機放下來。究竟是哪個觸媒，讓這輩子以為十公里就是極限，熱中國標舞的琉蓮起心動念，想用雙腳來完成馬拉松的大挑戰？或許是白河馬拉松蓮花的牽成，或許是身邊那個心愛的瘋馬伴侶的潛移默化，琉蓮也開啟了她的馬拉松之旅，她嘴角的笑容更甜，更膩，更燦爛了。

這是個很浪漫又多情的女子，曾有過一段滄桑的過往，可是，馬場上看到她永遠笑容可掬，頰上的酒窩又大又深，裝載著滿滿的幸福，一笑就溢出來灑了滿地，走過她身邊會沾染上一股莫名的快樂。琉蓮在馬場上擁有很高的「民眾基礎」，不愛跑步的她因為心愛的阿龍哥（鄭玉龍）瘋狂跑馬，她想珍惜兩個人相聚的時刻，想譜下更多屬於兩人的珍貴回憶，於是，決定緊緊跟隨他，天涯海角都要愛相隨。

等待一場馬拉松可不是那麼容易的事，要凌晨三、四點甚至更早就起床，鳴槍之後還有漫長的幾小時，不管風吹日曬雨淋，有時候無處可藏，該怎麼打發才好？阿龍心疼她，就把他心愛的單眼相機掛在她的脖子上，「那就去拍照吧！」細心的他，會先把相機設定好最佳拍照模式，她只要瞄準按下就好，連後續的修飾工作都由他一手包辦。

不懂攝影的琉蓮，就這樣拿著專業相機，從大台北出發，一路往南走，甚至拍到那霸去了，還有一回拍到生病，痛苦萬分。有阿龍出現的賽事，跑友就可以享用琉蓮的照片大餐，她用視力不好的雙眼以及不亞於奔跑一場馬拉松的體力，完成四十幾場沒有證書的馬拉松攝影。

幻想奔跑在蓮花盛開的白河馬

人們總忍不住跟琉蓮招手，來吧，來奔跑吧！她從來就沒有心動過，拍照是最冠冕堂皇的藉口：「我去跑，誰來幫你們拍照？」有時候，很多事情就是那麼奇妙，當因緣俱足時一切就那麼自然而然發生了。沒有什麼特別原因，只是那場馬拉松簡章上剛好觸動到琉蓮，讓她怦然心動了——只要名字有「蓮」字的人免報名費，「嘩，這豈不是為我而辦？」當下，她腦海裡浮現一個美麗的畫面：六月天奔跑在開滿蓮花的白河，多浪漫！

管他42.195K這麼遙遠的距離，管他熱到爆這麼恐怖的事情，管他只剩下兩個月的時間，這些都被蓮花這個「美麗的糖衣」給遮蓋住了。琉蓮像個天真的小女孩般，滿懷欣喜頻頻問阿龍要不要報名；他不置可否，要她自己決定，當下就覺得，「欸，好像有希望喔，阿龍沒有反對。」就這樣義無反顧栽進去，該是放下相機的時候了，她知道只要阿龍認為她可以跑，就會全力協助，畢竟他是個經驗豐富的跑者，加上新北市慢跑協會（琉蓮跟阿龍所屬的社團，跑者習慣稱之為「永慢」）裡更是人才濟濟，大家都無私又熱心地提供協助，兩個月應該是綽綽有餘。因為，她知道自己是個很認真的人，只要決定要做的事情就會全力以赴。

多麼勇敢哪！村上春樹為了重返馬場提前四個月做準備，而且每個月的練習量達到三百公里；之前完全沒有任何經驗，只有一年前參與過十公里路跑賽，即使是社團假日團練她從來都不缺席，場場必到，只是她向來是參加「美女夫人的休閒健康聊天組」，賞花賞風景幫忙拍照準備豐盛的補給，從來就沒有奔跑過。

學生時代都是跑最後一名，跑步很不在行，她最大的興趣在國標舞。「跳舞是很快樂的事情，跑步是阿龍的事情。」長久以來，琉蓮深信不移，天曉得年過四十五歲的她竟然性情大變，「撈過界」了，她不緊張也不害怕，完全沒有壓力，因為她身邊有個很好的教練，還有個很好的團體，以前雖然沒有跑但聽到很多跑友分享，感覺上好像已經新生訓練很久，無形之中吸收很多跑友的經驗，不經意間已經植入潛意識裡了。琉蓮強調，找個適合自己的社團多參與團體活動，不僅可以帶動你對跑步的熱情，也會提供你很多跑馬拉松的知識，這點很重要。

還有一個動機是啟動琉蓮馬拉松生涯的重要關鍵，她想切斷那個糾結纏繞的夢，它無所不在，每天夜裡悄悄來襲，是那麼清晰，彷彿活在另一個世界裡，醒來之後屢屢怔忡不已，分不清究竟哪一個才是自己所處的真實環境。有夢最美，可夜裡夢太多會把自己弄得好疲倦。報名白河馬時琉蓮就抱定破釜沉舟的決心，「早起去晨跑，應該就會中斷我的夢吧！甚至根本來不及作夢，就會醒來。」

她給自己訂定一個目標——我要跑馬拉松，這麼一來，就不會偷懶，配合阿龍十點鐘睡覺的作息時間，清晨五點出門去跑步，徹底把那個不屬於她的夢中世界驅逐出境。阿龍是她的最佳典範，兩人有很多看似相同，卻又極度互補的地方，他的生活向來很規律，獨居時的琉蓮偶爾晚上會跟國標舞夥伴相約去跳舞。兩人一起生活以後，深深被他的生活態度所吸引，年紀越大，健康課題自然是首要考量，她心甘情願為他改變自己，她相信這麼做可以改善生活品質。

意外的價值，從「心」改變

從此，琉蓮的人生徹底轉了彎。白河初馬沒有預料中的酷暑，卻意外下了一場盛夏中的大雨，幸好永慢已經奔跑兩百馬，身經百戰的初馬陪跑達人郭居恆老師自告奮勇帶她跑，讓琉蓮吃了一顆定心丸。她深知如果跟阿龍一起跑，她會耍賴會撒嬌，吵說跑不下去了，可能會功敗垂成；更何況阿龍跟她的速度差距太大，如果速度放這麼慢，搞不好會爆掉，兩人雙雙落馬！

郭居恆老師之所以被封為「達人」，他的實力既可以跑進四小時以內，也可以配合別人放慢到六小時，這是很厲害的功夫，很多人都做不到。自始至終琉蓮都對自己很有信心，她一心一意想著白河那麼美，當然會跑得完，那是一種享受哪，她對可能發生的情況沒有任何概念，事前也沒有去了解路況，那場激烈的雨讓整個世界變得很模糊，視力很差又是個路癡，完全沒想到可能會迷路。

幸好有郭老師在，跑到整個天地間彷彿只剩下他們兩個人在跑。那一池盛開的蓮沒有出現，可是，老天爺賞給琉蓮一帖安心的良方，每一步都踩得穩穩的，堅定而踏實，終於進入最後的里程了，她看到阿龍在終點守候，拿著相機對著她拍下這珍貴難得的畫面，她做到了，限時完成，漂亮進場，琉蓮的招牌笑容很燦爛，更迷人了。

不只是跑一場馬拉松而已，很喜歡閱讀也喜歡書寫的琉蓮，把塵封在內心深處多年的辛酸、傷痛、層層疊疊的心事，透過文字一併宣洩出來。她在跑者廣場發表一篇〈蓮的心事——白河初馬〉，讓人讀來為之心酸掉淚，造成不小的轟動，獲得很大的回響；從此，她一場又一場跑著，更多的文字伴隨著腳步傾巢而出，透過獨自練跑與過去的自己對話，她勇敢地寫下那些傷痛的過往雲煙，很神奇地，心底深沉的痛竟然徹底釋放了。

阿龍建議她最好每天跑十公里，她會要求自己起碼一週要有三至四次達到這樣的基本門檻。在獨自練跑過程中會想很多事情，甚至一些原本再也不想去碰觸、很深層的往事，會在練跑中感到很艱辛時，冷不防竄出來，就會告訴自己，「人生中再艱辛的過程都走過來了，這個算什麼！」當她這樣想的時候，內心深層的痛就會排山倒海襲上心頭，好痛，痛到眼淚也跟著汩汩流出。

琉蓮很愛看書，特別鍾愛心理相關書籍，過往的種種讓她一直在做自我輔導，透過各種方式試圖開拓自己的人生與心胸，過程是苦的，有時太過巨大，讓她無法負荷，一直很掙扎要不要找個適當的方式宣洩與抒發。她猶豫，遲疑，直到完成初馬後勇氣來敲門，把心裡那把重重的鎖給敲開了，一股無以言喻的力量像泉水般湧現，就這麼自然地化成一篇篇扣人心弦的文章，更貼切地說，感人的故事。

如果說一定要把〈生命中最愛的男孩〉說出來，那將是多麼痛的過程，需要無比的勇氣。善解人意的琉蓮擔心如果只是找一、兩個好友傾吐，那種負面能量太大，怕帶給對方不好的影響；跑者廣場是一個全台灣愛跑步的人喜歡駐足、傾訴、交流，甚至相互吐槽與抬槓的地方，跑步的人多數很熱情而善良，陽光而正向，是個包容力很大且散發溫暖的地方。她知道在這個平台把多年來的沉痾悉數傾倒出來，每個人所接收到的負能量已經變得很微小了；大家又給她一些回饋，就足以掩蓋掉她生命中不可承受之痛。

我們只是在螢幕前讀著她的文字，揪著一顆心，很難想像這個永遠面帶笑容，渾身陽光、被幸福包圍的甜美女子，原來竟有著那樣的過往。一字一句寫下來，赤裸裸地面對自己，透過跑步，透過文字，透過勇敢，琉蓮對自己進行一場深層的開刀解剖。

寫出來之後，從此在獨自練跑的過程中，就沒有再哭了，那個藏在身體裡多年的瘤終於被割掉，完全紓解了。這是跑步帶給琉蓮最大的好處，出乎意料之外，她終於能在長距離的獨自練跑中，不再淚流滿面，心痛不已，而且還能夠享受跑馬拉松過程中堅忍的毅力所帶來的喜悅感。

永遠陪你到天涯海角

雖然琉蓮是個很認真的人，但是人都會偷懶，如果沒有報名賽事來約束自己，設定目標的話，隨時都會找到讓自己不跑的藉口。跑馬拉松讓她改變生活作息，無形中也帶來一些

攝影/涂宏榮

攝影/陳世偵

附加價值，例如，體重並沒有下降，但一些被擱置在衣櫥角落，以前很喜歡卻穿不下的衣服，因為身體的線條改變了，又可以把美麗穿上身；健康檢查體脂肪降到標準值以下，阿龍更是拿到一張沒有紅字的報告，身材跟體能狀態恢復到二十歲的樣貌，戴上帽子從背面看起來以為是「少年ㄟ」，走到前面才猛然發現原來是個滿頭白髮的老頭子！

老天爺雖然給了琉蓮一個艱難的人生課題，讓她有過一段沒有安全感的婚姻深淵，原以為從今而後，是風是雨，終將獨自面對，她試著用開朗、堅強的態度來偽裝自己，把生活安排得精采而充實，看似豐富而美好。可夜深人靜時，她知道那潛入深深海底的憂傷只有她自己看得見，她總是一個人躲起來哀哀地哭著，讓淚水盡情流過之後，才能夠在人前展露笑容，又是陽光燦燦美好的一天。

這只是假象。多情如她，善感如她，浪漫如她，溫柔如她，當然也會渴望有一雙手可以緊緊牽住自己不放，但她從來就不敢想像，會有那樣一個人出現。老天爺並沒有遺忘她，又為她打開另外一扇窗，阿龍就這樣走入她的生命裡，讓她深刻感受到，原來幸福就是找到一個真正值得愛的人。

決定在一起就要彼此尊重，要相知相惜。沒想到阿龍竟然有了「新歡」——瘋狂戀上馬拉松，假日都是天未亮就出門參加團練，打定主意要緊緊跟隨著他，琉蓮只好也跟著起個大早。有一回她睡過頭還在賴床，阿龍「咚！」一聲出門去了，留下沒跟上的她獨自在家裡哀怨，無法理解他竟然可以為了團練拋下她，怎麼可以瘋到這種程度？

很快地，她就做了個決定，每個人都有自己的執著與喜好，「我在乎他的感受，既然他是可以把我拋在家裡的人，以後我也要早起，就要緊緊跟著他不放！」就只是一念之間，我們總是要求對方為我做什麼，想要改變對方，兩人的分歧與裂痕就是在相處上出了問題。你總是據理力爭，站在自己的角度去跟對方抗議，從來就不問問自己，是不是可以為對方做點什麼。很多瘋馬人的另一半可能會恨恨地說：「你居然可以把我拋下！」琉蓮卻有不同的思維，她暗暗立誓，下一次我就要更早起，要緊緊跟著他。

琉蓮很喜歡席慕蓉的詩，她總愛用〈無怨的青春〉來熨燙自己過往的傷痕，現在更有不同的看待方式。兩個人能在一起就是緣分，不是只有年輕的時候遇到一個值得愛的人，就要溫柔地對待，要好好去愛，而是隨時都要好好珍惜自己身邊那個最親密的伴侶；很多人在外面有很多可以談心的好朋友，回家後最親密的人反而很生疏冷漠。阿龍當然有他的缺點，會互相包容，經歷過一些困境後能夠遇見彼此，更會去尊重對方的感受。

有時候我們在太年輕的時候碰到那個人，反而不知道愛情的樣貌長什麼樣子。人過中年以後，彼此經過太多碰撞跟衝擊，火裡來水裡去，也許彼此身上都帶著過往的傷痕，經過安靜的等待之後，那人就這麼不偏不倚出現在你面前。這時，滿身傷痕早已結痂，反而更有一種去蕪存菁後的澄澈清明，從今而後，只想定定地看著你，守著你，好好珍惜這份錯過了就不會重來的相遇。

沒有一個人可以改變對方，打造一個理想的他，唯一可以改變的是自己。琉蓮眼中的阿龍——「很特別，很慶幸這一生能夠遇到這樣的人，雖然不善於表達，表面上也不夠浪漫。」但在生活上很實際，對她的好也很實際。

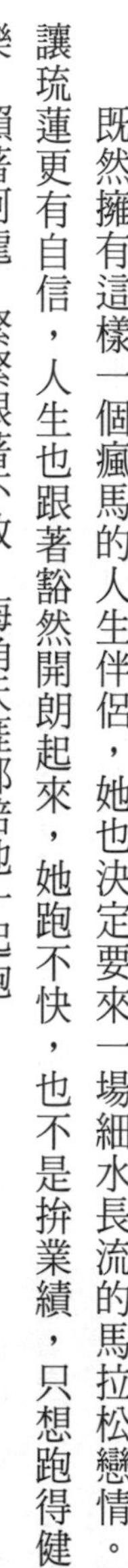

既然擁有這樣一個瘋馬的人生伴侶，她也決定要來一場細水長流的馬拉松戀情。跑步讓琉蓮更有自信，人生也跟著豁然開朗起來，她跑不快，也不是拚業績，只想跑得健康快樂，賴著阿龍，緊緊跟著不放，海角天涯都陪他一起跑。

欣見國內馬拉松賽日益蓬勃發展

—郭豐州的觀察—

當初參與路跑運動時一年全台灣只有田徑協會的八場路跑賽，其中一場全程馬拉松。九十三年路跑協會成立後，場次逐漸增加，但是當初真沒想到現在一年居然有近五十場的馬拉松賽，比短距離的路跑賽還多，除了看到人們越跑越長，真的在實踐奧運精神「追求更高、更遠、更強」之外，令人感受最深的是民間力量的匯集與澎湃。

許多俱樂部挺身出來籌辦馬拉松賽，更有一批熱心且資深的跑友像蕭萬呈會長等人，全台跑透透去支援協助辦比賽。一有比賽時，全國俱樂部都出來相挺，或者包遊覽車前去參賽，或者到場義務擔任志工。這些比賽共同的特色是「幫跑友貼心服務」，籌辦比賽的跑友大多跑遍國內外的馬拉松賽，把學習到別人的馬拉松優點放在自己的比賽中，於是許多貼心的大會服務，例如在比賽後半段路邊提供一些椅子讓參賽者可以短暫休息，或者坐下來調整鞋子、襪子，因為長時間跑下來要蹲下來綁個鞋帶，肌肉轉換不過來。個別的比賽中又常有自己的創意，例如琉蓮參加的白河馬，因為白河蓮花出名，因此名字中有「蓮」字者就免費，令人感到溫馨有趣。阿達的七月星光馬在陽光稍歇的傍晚起跑，避開夏天的高溫，也讓大家的腳在沒有比賽的夏季裡止癢。

觀察這趨勢發展與探究背後原因是很有趣的。也許我的詮釋很另類，但正好也藉機會釐清一些事實。首先是路跑俱樂部自辦馬拉松的動機部分源自對路協比賽的內容不滿意，路協的賽事都是大規模賽事，台北富邦馬競賽組參加人數四萬三千人，規模一大，人手永遠不足，賽事的細緻度就差，跑友抱怨四起。跑友的不滿還有一個原因，認為「那是官方的組織辦的！」為什麼會有反官方的情緒，有人說官方和民間立場對立有長遠的歷史，尤其是二二八事件對台灣歷史的衝擊，加上後來長達近四十年白色恐怖，造成民眾潛意識裡對官方的不信任與反對。其實台北馬拉松市政府有經費給路協是事實，但是這過程是招標，也就是路協按政府採購法規定去投標得標來的，換言之，其他單位（俱樂部、公關公司）都可以去投標，得標者就可以主辦台北馬拉松。其次是，路協不是官方單位，事實上所有運動協會都不是官方單位，都是人民團體，都是登記在內政部下面的社團法人，主管機關是體育委員會。也就是說路協跟其他登記在內政部下面的路跑性質協會沒有兩樣。路跑因為不是奧運項目，也沒有訓練國手的任務，所以也沒有接受國家補助的機會，只有亞奧運項目的單項協會能向體委會申請國手的訓練與比賽經費。

退更遠來說，體育運動本來就是民間的事，不是政府的運作範圍。聯合國組織下有許多屬政府運作的組織，例如管衛生的有「世界衛生組織」（WHO），負責金融的有「世界銀行」（World bank），連管旅遊都有「世界旅遊組織」（WTO），但是沒有一個管體育運動的，因為聯合國一開始就認定運動是純民間的事，不需要政府插手。也因此全球絕大多數國家政府組織中都沒有運動單位，世界上在政府中央部會組織中有體育運動部門的國家只有少數幾個：中國（體育局）、北韓、古巴、法國（「衛生、青年事務與體育事物部」）、中華民國（行政院體育委員會）。我們在八七年成立體委會原因，我的觀察是長久以來我們就被一個口號制約——「體力即國力」，政府從大陸被迫遷來台灣數十年，卻一直仍然保有大中華的概念，以為奧運選手拿金牌即是國家強盛的象徵，於是要用政府的力量來孵育出奧運金牌。另一個觀察是運動組織中的人都很「體育化」，國內體育人的典型特徵是「凡事義氣擺第一，講究輩分倫理，內聚力強，活動能力強」，正是政客最喜歡巴結的團體，在選票第一的考量下，群聚呼嘯成立體委會（註：體委會將於民國一百零二年一月撤裁，降為教育部下轄「體育署」）。

我在思考的是在讚賞一般俱樂部與協會自行籌辦的精采又有創意的比賽之餘，如何能貢獻自己的一點點力量，讓大家的比賽更好，讓辛苦籌辦賽事的跑友們成果更豐碩。在親身參加數場比賽之後，我想我可以使上力的有：賽會網站、網路報名、晶片計時、距離丈量與國際化。網路很發達，跑友上網的比例很高，因此一個簡易但是實用的賽會網站是有必要的，它的主要功能有：賽事資訊的公佈、相關問題的解答、參賽者與大會的互動、公佈賽事成績、文字、照片、影片等歷史資料的保存與歷史成績統計與查詢。每一個每年都舉辦的賽事需要一個永久性的網站放置歷年資料，記錄每一年成果。網路報名已經開始進行得很成功，結合方便的便利商店繳費機制，報名者繳交報名費不需要跑郵局銀行。未來智慧型手機更普遍時，直接在手機上自動報名更容易。晶片系統可以讓比賽成績更具公信力，節省裁判作業人力並提高正確性，但是成熟的系統不多，我從二十年前就開始接觸晶片系統，職業背景的關係了解得較深入，今年液晶螢幕降價，我們正可以利用它來即時顯示成績，甚至東吳國際超馬賽已經做到晶片感應後，選手可以看到即時成績顯示，網路上關心賽事的朋友也可以在感應三至五秒後也立即從網站上得到更新資料，利用資訊科技可以讓更多的服務變為可能，我們也可以逐步推出跑友需要的資訊服務。

大家的比賽越來越精緻，與國際接軌是下一步，馬拉松是一項國際化的運動項目，不像打陀螺玩扯鈴，只有我們自己在玩，我們自己創規則就好。國際接軌意味著採用國際規則，例如年齡分組是每五歲一組。「讓參賽者每一步都不浪費」是主辦者的責任，國內賽事都沒有丈量，成績證明也只有自己承認而已，比較可惜。馬拉松距離丈量是一項精密的作業，丈量員必須受訓，有一套繁複的丈量手續，所以至今都不能用ＧＰＳ計距來取代。田徑協會有丈量員，但是收費高到邀請外籍丈量員來台丈量都還比較經濟，我們超馬跑者協會只好邀請外籍丈量員，也順便丈量其他超馬賽。不是每一場比賽都需要變成國際賽事，邀請國際選手來參賽，不過如果有需要，我認識許多國際路跑團體，也許可以幫上忙。

總之，體育本來就是民間的事，一般公民都可以參與運作，所有國際性運動組織的主席都是來自民間，也來自各行各業，不是非體育科系出身的不行，不要被「外行領導內行」這句似是而非的說法制約，上網查詢就可以知道幾乎所有國際運動組織的主席都是一般行業的人來擔任，最顯著的例子是國際奧委會主席羅格本來是整形外科醫生。公民在參與體育運動的組織運作當中，可以學習如何與他人一起工作，接納不同的意見，拓展視野，提升公民素養。讓體育運動運作回歸民間，我們路跑界已經做得很不錯。

方麗雯跑出美麗人生

從沒想過會意外闖進自己的跑步人生，小V（方麗雯）從極端痛恨跑步，也找不出任何動機讓自己跑起來，一切的出發點只是「為了好玩」，很幸運地搶到一張極為珍貴的二〇一一年太魯閣馬拉松「門票」，原本並沒有抱持著初馬心態去看待，直到聽了「跑步吧！人生」節目後，心裡突然有扇門打開了，萌生強烈的念頭——我要挑戰。一旦決定了就做足功課全力以赴，這是小V的個性，不搪塞不敷衍不虛應不盲從不迷失，她認真面對，意外發現了跑步迷人的地方，就這樣一頭栽入這個會讓自己覺得「好專注好開心」的領域裡。

小V是個很奇特的女子。人類學系畢業的她，「不務正業」投入當時最夯的科技公司，一待就是十年餘，興趣很廣泛也很有才華，在部落格大行其道時，已經累積一大票忠實粉絲，人氣很旺。這名女子身上大概流著「不安於室」的血液吧，不甘於過著安逸穩定的生活，率性把工作辭掉展開她的探索之旅，勇於嘗試與挑戰，跑去台東民宿待了一年多，曾經獨自完成四十幾個人的下午茶，烘焙、烹飪、品紅茶與咖啡、畫畫都有模有樣，騎腳踏車、爬山、往農村與部落裡走去、完成白沙屯媽祖徒步進香艱難任務、迷戀鐵道旅行收藏一百個幸福印章，離開職場後的小V海闊天空，人生充滿了驚奇。

乾脆我也來報名好了

小V是個永遠精力充沛的「high咖」！身邊那群爬山騎車尋美味的朋友，這一年多來相繼轉性，一個個奔跑起來，二〇一〇年組了個小團去挑戰太魯閣初馬，不想落單的小V自告奮勇擔任「隨隊經理」，看到峽谷裡湧入這麼多熱血的跑者，她的心也跟著澎湃起來。奔過來竄過去，忙不迭幫朋友拍照，蹦蹦跳跳跑個不停，「應該」也跑了快半隻馬吧，她覺得很新鮮有趣，翌年一馬當先很勇猛地報名了全馬。

別以為小V想去改寫自己的人生，說穿了，初始動機其實是想去欣賞太魯閣峽谷的美麗風光，如此而已。剛好身邊有個熱愛感染周遭的人來跑步的好友（就是我啦），訪問到很感人、情況跟她一樣只奔跑十公里就直接跳級挑戰全馬的琉蓮，莫名興奮，交代小V非聽不可，這一聽，讓她真心喜歡上這個原本以為「好無聊」的事情。

她邊聽節目邊做筆記，腦子裡開始飛快地轉著，「我想完成初馬！」這個意念一旦在心裡萌芽，小V馬上為自己做了一份規劃，每次練跑回家後就把心情寫下來，小筆記上寫滿了跑步小紀事，遇到一個帥哥，被老鼠嚇到，今天又吃了什麼美食……她還樂此不疲嘗試各種不同的新路線，發現跑步一點都不無聊，很有趣。

開始喜歡跑步以後，生活作息也有了很大的改變，跟夜貓族說再見，十二點前就上床睡覺，更神奇的是竟然能夠早起去晨跑，讓爸媽嘖嘖稱奇，不敢置信。改變不只是這樣而已，飽受胃病困擾以及長期被判不適合操作的膝蓋，統統都在熱愛的跑步中痊癒了，就連心靈深處的蠢動與焦慮，也獲得釋放。心開了，如同外表朗朗的她，從裡到外煥然一新，小V在跑步中獲得無比巨大的能量。

幾年前從職場出走後，自我要求很高、力求完美的小V把自己綳得很緊，她想要做些調整，試圖放鬆，希望日子可以過得更開心，而且是打從心裡真正的開心，而不是表面陽光燦燦，可心裡卻在下一場雨。

跑出好食慾，跑出健康的生活型態

或許是個性使然，小V還是無法改變凡事求好心切那種根深柢固的「毛病」，一旦責任上身就會給自己壓力，長久下來身體終於發出抗議，得了十二指腸潰瘍。很愛吃喜歡追逐美食的她，卻被發出紅色警戒訊號，無異於當頭棒喝，一堆東西不能碰，吃太飽很不舒服，只好壓抑自己既要忌口又得提前喊卡，長期處於吃不飽的狀態，心情糟透了，明明很想吃卻不能痛快地吃，怎能開心起來？就這樣陷入惡性循環，讓小V開心的動力消失不見了，食慾不振，迅速消瘦下去，朋友看了很不忍更不捨，大夥兒千叮嚀萬交代叫小V要吃東西，要保「重」，要開心。她並不想當紙片人，卻力不從心，別人煞費苦心想減肥，她卻得展開長肉大作戰。

才跑兩個月，體質就出現大翻轉，食量增加了，很容易餓，一天可以吃四、五餐，「這也是另外一個收穫，讓我的腸胃系統變得比較好。」小V在跑步中毛病變少了，最棒的是，她終於找到強大的動機——跑步可以讓線條變得更好看！個兒很嬌小，把自己比喻為

「瘦皮猴」，曾經試圖尋找可以讓身材練得更好的方法，踏破鐵鞋無覓處，沒想到跑步就是迅速達到目標的最佳良方。

短短兩個月，小V發現從腿部、背部、肩膀、手臂等，已經有些很好看的線條出來了，根本就不需要花大把鈔票去塑身瘦身，跑步就可以達到效果。跑步其實是全身都會動到的運動，對愛美的人來說持續跑步會跑出美麗的身材，小V終於找到強烈的動力。

很多女生飽受減肥之苦，長期天人交戰，理智跟直覺拔河，得費好大的力量才能克制貪吃的慾念。小V完全沒有這樣的苦惱，跑步讓她的胃口開了，每次練跑腦子裡就在想等會要吃什麼，是不是買個美味豆花來犒賞自己，去哪裡吃個想念的可口小吃。也不是全然想到吃的，她會邊跑邊想等會要做什麼事——跑步可以減肥，可以讓身體的線條變美，可以思緒清晰，只要一小時就可以跑個九至十公里，全身流汗，會分泌一些快樂因子。

許績勝老師寶貴又受用無窮的跑步課程

從學生時代起就是個用功的好學生，屬於「研究型」的小V，即使是跑一場馬拉松，她還是拿出自己一直以來的精神，要跑，就要把跑步正確的知識弄懂，把扎根動作做好。她報名亞瑟士訓練營，把許績勝老師教授的課程通盤消化吸收。

第一部分，先了解自己的身體，特別是足型、腳型，適合什麼樣的鞋子才不會受傷。經過儀器測量結果，小V才知道自己有雙奇特的腳型，站的時候有點內翻，跑的時候有點外翻；以前她是土法煉鋼，自由心證，挑選喜歡的鞋子穿了就這樣跑起來（其實很多人也都是如此）。兩個月下來開始感受到不舒服的地方，果不其然起水泡了，每天都有新狀況出現，水泡此起彼落，沒完沒了。直到徹底了解自己的腳型後，她開始「對症下藥」，去找尋適合的鞋子。

第二部分談的是運動傷害，小V覺得這是最大的收穫。前一年初次嘗試九公里路跑時，朋友有找她一起去Running club，她提不起絲毫興致，心想不過就是跑步嘛，哪需要這麼麻煩？就因為這樣，她不曉得怎麼熱身以及緩和運動。課堂上老師強調如何避免運動傷害，事前該怎麼按摩，跑完以後要讓肌肉舒緩，她恍然明白，深切了解到伸展操的重要性，要長長久久跑下去，要開心完成一場馬拉松，這個部分絕對不能省。

小V在多年前就有個棘手的毛病——髕骨軟化症，才三十歲就有點像退化性關節炎，狀況還滿嚴重的，有時候蹲下去就站不起來了。醫師建議她做游泳、騎單車等較溫和的運動，跑步當然是列在黑名單上，絕對不能；她並沒有因此放棄一些興趣，這幾年在爬山活動中明顯感覺膝蓋的不適已經減緩很多。剛開始跑步時難免擔心害怕舊疾復發，幸好這些課程可以減緩很多運動傷害，懸在半空中的心就落地了，也踏實許多。

許老師給的第三帖良方是肌耐力的訓練，包括核心肌群跟肌耐力兩個部分，藉由間歇跑步、心肺課程，以及一些動作等實際操練來傳授。以前小V是個很怕痠痛的人，聽說Running club有這種會導致筋骨痠痛的課程，一點都不想參加；那天許老師的課程結束後，終於了解為什麼要做這些訓練。

因為認真看待自己的初馬，用功的小V還跑去圖書館借書跟DVD回家看，想要訓練核心肌群，只是理論的東西太難理解，看兩頁就看不下去了。許績勝教練的實際操作課程簡直是事半功倍，太好用了，課堂上還會有其他教練來糾正動作，真的有被操到，隔天大夥兒都唉唉叫，平常沒有用到的肌肉群開始有些反應，產生痠痛的感覺。

這樣操練、痠痛的循環過後，馬拉松菜鳥小V徹底了解，跑一場馬拉松原來不是只有雙腳在動而已，全身的肌肉群輪番上陣，跑起來相對更愜意自在。間歇跑步訓練到大腿的肌力，反而讓她的膝蓋更好，真是太好用，太有效了！亞瑟士訓練營對小V而言，讓她對跑步有了更通盤的了解。

一切都是「同儕壓力」惹的禍！

督促小V認真跑下去的另一個動力，說來真有趣，竟然是「同儕壓力」。微網誌盛行的年代，很多跑友在最新近況瞬息萬變、繽紛多彩的Facebook裡交流訊息，小V偏好Plurk，她那一票山友兼騎友兼跑友的「主戰場」都在噗浪。喜歡分享與交流，個性爽朗率直的小V，不會遮遮掩掩，更不會偷偷摸摸地練，她總是大剌剌就在噗浪上寫著跑步的種種訊息，很快地，馬上有自告奮勇出來扮演嚴師角色的好友小龍，開始盯緊她拉她出去跑步；想奔山練習時，信手拈來隨手一招，馬上就有一票人在雨中瘋狂奔跑；越來越認真的小V，無形中讓其他朋友也有了壓力。

漸漸地，這股同儕壓力變成一股很棒的動力，大家相互影響，形成正向的力量與正面循環，大家就不會有太多偷懶的藉口。畢竟沒有人是專業跑者，不是在跟別人競爭，只是希望自己的成績會進步，可以跑得更開心更快樂。

其實小V還有一個最棒的貼身跑步教練，就是「Run keeper」，這是一個免費下載的APP，只要拿著smart phone跑步，每公里跑幾分鐘，總共跑多少里程，甚至奔跑的路線等，統統都可以記錄下來，最後還可以上傳到網路上，讓你清楚了解你的配速，累積成自己的跑步里程日誌。

曾幾何時，那個原本極度討厭跑步，覺得膝蓋有毛病這輩子注定不能奔跑的小V，先是因為好玩而報名太馬，然後聽到了網路廣播「跑步吧！人生」第十集琉蓮的故事，意外奔跑出璀璨的人生，就這樣戀上跑步，幾天沒跑就渾身不對勁，去香港、去溪頭、去宜蘭冬山河、去台南吃喝之旅，分明是旅行玩耍遊樂的行程，說什麼也要來解放雙腳恣意奔跑，哪怕只是短短的幾公里而已，跑完後心底就會油然生起快樂的感覺，開心極了。

跑步改變了小V的個性、生活、很多東西，最大的改變就是無以言喻的「快樂感」！當然過程中會有失落與挫折，但整體而言明顯可以感覺到一直在往前進步，許績勝老師教會的事情裡，她記得他強調不要瞎跑亂跑，運動員是四肢發達、頭腦也不簡單的人，要用頭腦去做有效率的跑步，這樣才不會有運動傷害，也比較有成就感。

真心愛上你了，要一直跑下去

把自己當成一塊海綿般，大量吸收與學習，一接收到新的訊息，只要是受用的就會做修正，小V從很多人的經驗中找出適合自己的跑步哲學。奔跑的距離拉長了以後，她從最初放任自己的思緒亂紛飛，漸漸地專注在呼吸、心跳、腳步聲，依稀彷彿也感受到「禪」的境界。以前只能用白沙屯徒步進香時走路的痛苦來想像村上春樹在《關於跑步，我說的其實是……》一書裡所提到的「內在的行為模式」，例如，痛是難免的，苦是甘願的，這些，現在統統可以理解了。更多的時候乾脆把心放空，跑完後發現原本不開心的事情「統統都開了」！不只讓自己開心而已，甚至會找到解決的方式，跑步會讓心沉靜下來，腦子一片澄澈清明，異常清晰，更清楚知道如何安排生活。

真心喜歡上跑步的小V，果然在太馬繳出一張漂亮的成績單，她為自己下了〈322分鐘來自365.88公里的淬鍊〉這樣有力的標題，寫著：「二〇一一年十一月五日，雲淡風輕，天氣晴朗，我在有著陡峭山脈、深邃峽谷與碧綠溪流的花蓮太魯閣，用我的肢體軀幹與心靈耐力，『從容且愉快』地完成人生初馬。」

小V覺得跑步的人講話都好有power，透過聲音就會傳遞出正面的力量！她不知道，原來自己已經成為這樣的人，她也變成一顆散播快樂跑步的種子。跑步強化了內在的力量，原本內在潛伏著戰戰兢兢的焦慮個性，會在身上加諸龐大的力量，現在蛻變成從裡到外閃閃發亮的陽光小V，她的笑容與聲音具有一股穿透的力量，整個宇宙都跟著她一起開心起來，她想要安全、輕鬆、快樂地跑下去，讓跑步變成人生的重要部分。

方麗雯提供

方麗雯提供

跑步加上重訓就可以塑身

—郭豐州的觀察—

小V跑步短短兩個月就發現從腿部、背部、肩膀、手臂等身體部位，好看的線條出來了，不需要花大把鈔票去塑身瘦身，跑步就可以達到美化身體線條的效果。是的，其實我們身體本來就有肌肉，只是藏在我們厚厚的脂肪層下面而已，我們要做的只是把脂肪層變薄一點，線條就跑出來了，該有肌肉的地方有肌肉線條，該瘦的地方沒有贅肉。

跑步怎麼有這個神奇效果呢？原來跑步不只有消耗熱量而已，它還有一個關鍵的作用——加速身體循環，提高基礎代謝率。「基礎代謝率」簡易地說就是「身體維持生命運作需要的最低熱量」，即使我們不運動，身體還是需要熱量，感官器官要運作需要熱量，心臟要跳動需要熱量。人在基因裡就已經決定一個人基礎代謝率的高低，所以有些人生來就瘦，因為他先天基礎代謝率就高，「吃什麼都不長肉」，有些人生來基礎代謝率就低，於是就會「喝水就會胖」。但是它還會隨著年齡的增長而有逐漸下降的趨勢，一般來說，人在嬰兒時期的基礎代謝率相當高，到了孩童時期會快速下降，等到成人後又會逐漸趨於穩定。大約在十八至二十五歲時是基礎代謝率最高的時候，但是過了二十五歲以後，基礎代謝率就會開始下降，大約每十年約下降百分之五至百分之十，也就是說當我們五十歲時，基礎代謝率已經降低了百分之十五至百分之三十，這也是為什麼很多人中年以後身材逐漸走樣的原因。明明跟年輕時吃一樣的份量，但是因為基礎代謝率變低，吃下肚的食物的熱量用不完，轉變成身體的脂肪。

基礎代謝率計算公式有多種，也較複雜，跟年齡、性別、生活作息有關，只要有個概念就好：大約我們是體重的三倍。我們一天需要的熱量基礎代謝率大約佔七成。因此六十公斤的人，一天需要的熱量大約是基礎代謝率的一千八百大卡加上兩百五十大卡，共兩千零五十大卡。一個輕飄飄的國民便當熱量約八百大卡，而一份速食套餐熱量超過一千兩百大卡，一杯珍珠奶茶熱量逼近一千大卡。身在處處美食的台灣，我們怎能抵擋一波波美食的誘惑呢？跑步是最直接有效的方法，近年流行騎自行車，但是如果是逛街式速度，騎上幾個小時效果還是有限，因為運動強度不足的緣故。跑步直接就把運動強度提到有氧運動程度，超過四十分鐘，身體開始燃燒脂肪。基礎代謝率很難短時間變動，但是如果每週有五次的跑步，每次都長達一小時以上，持續兩個月，基礎代謝率就會開始變化，當身體所需最低熱量提升之後，即使沒運動，熱量也不會大量堆積。如果能一天跑上兩回，那推動基礎代謝率提升的效果更顯著。

重量訓練也是提高基礎代謝率的方法。一般人印象中的重量訓練就是要練成健身房中身上大塊肌肉的「大隻佬」，其實重量訓練方式分成兩大類：「增加肌肉的體積」和「讓肌肉結實」。前者目標就是練成健美先生，後者目標則是增加肌肉強度與耐力，效果是肌肉變結實，肌肉線條跑出來而已。前者訓練時常以接近百分之百的力量去舉重，次數少，休息多。後者則舉起百分之六十至百分之八十左右的重量，反覆次數多，中間休息時間短。為什麼重量訓練可以提升基礎代謝率呢？那是因為結實的肌肉消耗的能量比鬆散的肥肉消耗的熱量多，有實驗數據說每天一公斤的肌肉可以消耗約一百大卡的熱量，而一公斤的脂肪每天只能消耗掉四至十大卡的熱量，肌肉和脂肪的熱量消耗相差了十倍。因此肌肉結實的人餓得快，理由是因為新陳代謝快的緣故。

重量訓練還有許多好處，對跑步者來說直接的好處是減低運動傷害的機會。重訓增加了肌肉的強度與耐力，當我們跑步時肌肉可以支持長時間使用肌肉。大腿肌力增強之後可以分攤膝蓋的負擔，讓膝蓋不至於受力過多。有經驗的跑者可以知道，跑步是一項不斷循環的動作，這個循環動作的起點就是大腿連接膝蓋的股四頭肌，當我們一隻腳著地後，股四頭肌開始收縮用力，先支撐身體重心前移，接著往後踢，開始一個良好的循環，起始點就在有強壯結實的股四頭肌，這也是優秀選手體型的特徵！

成年人不管年紀和性別都要做重量訓練，年紀大的人肌肉會自然衰退，做重量訓練可以有效地減緩這速度，維持生活品質。醫學證明做重量訓練可以有效防止骨質疏鬆，而且要從年輕時就做起，年輕人穿衣服都講究好看，身體要像衣架子把衣服撐起來，就要做重量，把身體線條表現出來，讓該有肌肉的地方有肌肉才行。女性普遍怕冷，明明脂肪層比男性厚一些，為何比男性還怕冷呢？其實因為肌肉結實程度遜於男性的關係。下次觀察許多冬天還穿得少少的人，都是肌肉結實的人居多。跑者不能光跑步，我建議不能忽略進行重量訓練，每一週一次只能保持肌力，要進步需要兩次以上。

第八章

超馬跑者的容顏

超馬是一群和標馬很不一樣的人，不是「長」得不一樣，是「想」得不一樣。這一群人有些共同的特徵，腦筋很死的，我永遠記得二〇〇八年創下世界七天賽一千零一十一公里紀錄的德國須維爾克（沃夫剛）先生，在賽後當主辦單位跟他說：「不好意思，大會沒有獎金，不過您的表現如此傑出，我們將會跟贊助單位爭取一千歐元獎金給您。」他這時的回答是：「要給我獎勵?!只消讓我搭個便車，送我到機場，我就心滿意足了！」

看一場典型的超級馬拉松賽，過程沒有張力，情節不緊湊不說，不在現場靜下心來觀賞根本看不出門道，比賽時間長到無法電視轉播，如果是在一般馬路上比賽，連兩個人跑在一起競爭的畫面都沒有，因此也絕少廠商願意贊助，沒有獎金。跑者參加一場賽事都要數個月才能恢復再參賽，因此跑超馬的人都不能為獎金而跑。在極限的挑戰中，人性的真面目無由掩飾，是展現人性高貴面還是露出醜陋的真面目？一跑便分曉。

要完成一場賽事，參賽者必須克服多少的身心試煉，一步一腳印地從起點跑到終點，對於每一個扎扎實實完成賽事的參賽者，不論他的教育背景如何，不管他的社經地位高低，我都獻上最高的敬意！

永遠的關家良一

郭豐州

關家良一在二十五歲（一九九二）那一年才開始跑馬拉松，第一場還是在炎熱的泰國曼谷。記得有一年我只參加他們的十公里組，清晨的溫度仍讓人汗如雨下，跑完連襪子都濕了。不過在關家良一記憶中這場不是最艱難的比賽，他印象中最難的賽事是二〇〇九年參加著名的法國四十八小時賽，他第一天取得領先的位置，第二天就感到身體痠痛，五臟六腑都不對勁，後來被第一天前十二小時以走路居多的澳洲馬丁佛萊爾趕上。不過各有擅場，連兩年我都邀請他們兩位來東吳ＰＫ，關家良一都壓倒性獲得冠軍，因為他早已把東吳國際超馬賽當成他的主場。

三年前他在東京遇到我國超馬跑者說出一句令人動容的話：「參加世界錦標賽我只要拿到好名次就好，距離成績不重要，但是參加你們的東吳超馬賽我一定全力以赴！」當時他已經獲得四次世界錦標賽冠軍，「世界盃錦標賽」（IAU 24H world championship）是每年各國派出正式國家代表隊，每隊最多可以挑出當年該國狀態最佳的選手六名參賽，換言之，世錦賽是當年全世界約兩百名二十四小時高手的終極競技場，誰都想戴上桂冠成為真正的世界冠軍。關家良一從二〇〇四年在世界盃獲得冠軍，二〇〇五年衛冕失利，二〇〇六年我辦的圓山世界錦標賽再次奪冠之後，確認了二十四小時之王的地位，還記得當年比賽結束之後，我們高興地抱在一起，他激動地反覆說：「我做到了！我做到了！」他的二十四小時賽的傳奇其實從二〇〇一年來參加東吳超馬賽時才開始，當年他一鳴驚人，獲得第一次冠軍，從此他就以東吳田徑場為他心目中的主場。

二〇〇七年賽前知道他的目標是打破亞洲紀錄，於是激勵他說破了紀錄，我就把他的名字噴在跑道上，以他的名字為該條跑道的名字，這招果然有效，隔年賽前記者會我們遵守諾言，舉行了儀式，在跑道上噴上名字和紀錄成績，賽後沒多久，關家良一組了家族旅行團特定前來台灣台北，拜訪東吳大學，讓他母親親眼看到以他為名的跑道，我們也成功地實踐「體育是國民外交」的名言。

穿新襪的小祕訣

二十四小時賽不光是耐力的挑戰，你必須拿出全部的生命力來跑，此時你的血液都跑到下肢去支持跑步，身體暫時會關閉用不到的器官，甚至指揮腸胃道系統把血液分到腿部去，造成有些跑者會產生腸胃道不適甚至輕微出血現象。關家良一跑二十四小時的策略是前十二小時都用每公里五分鐘的速度，也就是四百公尺每一圈兩分整的速度跑，所以每次在東吳賽中都看到他跟時鐘一樣，每兩分鐘就準時出現，當他的計圈員既驕傲又輕鬆，他每次跑過計圈員帳棚時，都會伸直手跟計圈員打招呼，跟籃球明星進球後，手指著剛傳球助攻的隊友一樣，把功勞跟計圈員分享，這影像早就是東吳超馬賽的一個代表情景。

很多人會好奇關家良一怎麼準備二十四小時賽的？怎麼比賽？有沒有祕訣？關家良一給了一個令人意外的答案，他的祕訣是比賽時穿一雙新襪子！我猜想是心理的層面大於真正實用的層面吧！他知道每一場賽事都是全新的挑戰，哪怕過去拿了多少冠軍，當下的比賽永遠都必須用全新的心態去應付。前十二小時保持自己五分鐘一公里的配速，之後觀察其他競爭者的狀況，來決定自己接下來的配速。他絕少停下來，上廁所次數也不多，但是保持每公里一百C.C.的水分補充，絕不讓自己脫水。一兩圈就看他拿約一百五十C.C.的小水瓶邊跑邊喝。以前他下班後就去跑上幾小時，然後回家邊喝啤酒邊把訓練日誌po上網，有許多粉絲會到他部落格去看他如何訓練自己。兩年多前他結婚了，有了一個小女孩，為了早點回家跟家人相處，他改變練習的時間，用跑步上下班。週末還是常跑七十公里左右到另一個縣市，隔天再跑回家，做為ＬＳＤ的練習。他在最後三週會把訓練量降下來，同時不喝酒，讓身體處於最佳狀況出賽。

跑出勝利與大愛

關家良一不只在東吳賽事出名，他在其他世界出名的超級馬拉松賽也是常勝軍，二〇一一年他參加美國惡水超馬賽獲得冠軍，對該比賽的難度印象深刻，從攝氏五十度的沙漠開跑，終點在兩百一十七公里外終年積雪的惠妮山腰上，該賽事有「世界上最難的超馬賽」稱號。關家良一很慎選比賽，只有高水準的比賽他才參加，一年大約只出賽兩場到三場，除了東吳超馬賽他一定排入計畫之外，另一個一直想征服的賽事就是著名的斯巴達松超馬賽，源於馬拉松歷史故事的這場每年全球超馬跑者矚目的賽事，關家良一在二〇〇二年就獲得冠軍，但是好幾年他都回去想再次奪冠，二〇〇六年起連三年是美國史考特裘力克的時代，關家良一數次屈居亞軍，於是裘力克有他的實力比關家良一強的印象。

二〇一一年我特別邀請裘力克來台參賽，他聲勢浩大地從美國帶了紀錄片攝影團隊，有製片、導演、攝影，還租了一部高爾夫球車在場外跟著移動攝影。裘力克和巴西努內司前面都用高配速取得距離優勢，關家良一前十二小時還是不慌不忙地用自己的配速前進，低溫加上帶走體溫的雨把努內司先擊垮，半夜，裘力克也撐不住了，關家良一依然以註冊的商標姿勢，微仰著頭一圈又一圈地前進。隔天報紙把本來形容裘力克的「痛苦之王」轉封在他身上，說明他很能忍受痛苦。其實，此封號他可受之無愧，記得二〇〇九年韓國首爾世界杯錦標賽的那一回，比賽隔天早上他腳步蹣跚地出現在餐廳，跟我說這一場實在不容易，因為他從比賽的第二小時就已經開始腳痛，天啊！我在想如果是我，想到前面還有二十二小時要跑，一定登時就軟腿退賽了吧！這一場是關家良一第四次獲得世界盃冠軍，之後他就把機會讓給日本後進。轉而籌辦在日本東京舉行的神宮外苑二十四小時賽，每次他都全天在現場擔任志工，指揮交通，搭帳棚，絲毫沒有世界超馬之王的身段，還自掏腰包給冠軍跑者一份「關家良一賞」紅包。

關家良一私底下像個大男生，外向活潑，憨厚、幽默、愛說笑，每次我們準備記者會節目時都很放心，他配合度很高，很會耍寶。即使結婚生小孩了還是如此，我今年東京賽遇到他時跟他聊，孩子兩歲了，還不要再生一個？他說要，還說他很努力，調皮地做動作說他

2011東吳國際超級
Soochow International Ultra-marathon 2
23:40:28
2401

攝影/飛小魚

2008東吳國際超級馬拉松
Ultra-marathon 24hr Race
new balance
JAPAN
2401
2410
BROOKS

攝影/飛小魚

每天晚上都很努力，惹得大夥兒大笑。

二〇一一年日本發生三一一大地震，四月我們台灣超馬跑者去希臘參賽時發起慈善捐款，認捐台灣跑者參賽的里程，慈善的力量大家都盡力跑出好成績，共同募得四十四萬六千元，經紅十字會轉到日本。台灣跑者關愛日本災民的消息關家良一都知道，因此在十月東京超馬賽時就跟我提到，二〇一二年他來台灣以長跑環台答謝台灣民眾對日本災民的關懷，也答謝他東吳拿下七次冠軍，台灣跑者對他的支持。我當時想跟他拖點時間，因為我手上的事情實在太多，想不到他在東吳賽後記者採訪時就宣佈這項壯舉，我當然挺他，開始幫他張羅此次行動的一切，因為這個壯舉不僅對他、對台灣超馬、對台日關係，都是一項非常有意義的活動。

超馬女神工藤真實

郭豐州

當初我為了激勵關家良一，半開玩笑地說：「以你的名字命名的跑道是第二道，第一道我要留給你破世界紀錄時用。」柯羅斯在一九九七年創下的303K世界紀錄實在太遙不可及，彷彿上帝在二十四小時賽中偷偷多塞了一小時給他，其他人只跑二十四小時，而他跑了二十五小時似的，因為其他人的最佳成績都少他十幾公里。當初怎麼也沒想到，工藤真實會在二〇〇九年突破匈牙利博潔思的世界紀錄，而且一次突破九公里之多！

二〇〇九年事先是沒有料到會有世界紀錄出現的，只知道工藤真實在那一年五月法國的四十八小時賽打破世界紀錄，狀況很好。正巧那年本來在十二月第一週舉行的東吳超馬賽因選舉而需要調整比賽日期，或者往前提到十一月底或者延後一週到十二月第二週辦，學校行政單位是希望提前的，因為每次比賽完經費的核銷都因必須在月底完成年度作業而緊張萬分，我問了日本領隊井上，他說如果十一月底辦工藤真實就不能來，因為她在銀行上班，月底照例必須有結帳作業，她不能請假，我當然為了她而把比賽日期延後舉行。

比賽從週六早上九點開始，第二天週日清晨，工藤真實應該會破世界紀錄的消息傳來，我卻開始緊張起來，原來我們根本沒料到有這回事，沒有準備藥檢。世界紀錄要被承認就必須有正式藥檢，而藥檢只有奧會有一個團隊會採樣。那是一套嚴謹的作業流程，採樣團隊必須正式受訓過，從選手身分的確認到各式表格的填寫，都有規定，接下來當選手有尿意時，採樣員必須跟進去廁所，為了防止選手掉包，還要蹲下去監看所有過程。拿出來密封後，選手必須在內外包裝上簽名，諜對諜，因為選手也怕被所謂「愛國」採樣員作弊掉包。工藤真實的世界紀錄對主辦單位何等重要！一個世界紀錄代表的意義是對賽事品質的最佳肯定，因為即使選手實力堅強也不能在一個品質不佳的賽事有所發揮！我們事先沒準備好藥檢是何等可惜的事，於是我開始很緊密地到處打電話請託，急得像熱鍋上的螞蟻，距離越來越靠近新紀錄，我臉色越難看，好在最後得到貴人相助，用上了所有關係才解決。自此之後，我每次還是乖乖地準備藥檢團隊，預防再有意外發生。

藥檢不能省

每年東吳超馬賽經費都吃緊，學校硬蓋了兩棟大樓之後，全校經費拮据好幾年，二〇一一年也不例外。藥檢團隊的工作費也大幅提升六倍，我又開始猶豫起來，心想工藤真實的狀況破紀錄的機會不大吧，可不可以把藥檢團隊的費用省下來呢？當年四月希臘超馬嘉年華，大會特別邀請工藤真實去跑四十八小時，目標是刷新女子四十八小時世界紀錄。從頭到尾我都在現場看著她，她一路都專注嚴肅地跑，我就知道她狀況不是在頂尖，因為如果狀態好，她都笑盈盈地跑，遇到有觀眾加油也會回應，果然第一天晚上她就遇到問題了，頭昏嘔吐，跑一下休息一下，領隊井上臉色也難看得很，我好心從外面帶回來的食物，他都沒食慾

攝影/飛小魚

攝影/飛小魚

地搖頭拒絕，後來工藤真實鑽進了帳棚休息去了，我想完了，我從沒有看到嘔吐後的選手能再重新回到原來的配速，破紀錄這件事就算了吧！

回去睡了幾個小時起來，到路線上看到工藤真實居然又恢復了速度，好一個神奇的女士。即使中午的高溫也無妨，她還是很扎實地達到刷新世界紀錄的目標，只是跑完後，我扶著她進屋子休息時，發現她真的很累了，不過還是微笑地跟我致意，謝謝我發起賑災慈善活動，幫助日本地震災民。四月份工藤真實這麼累，今年狀況恐怕也沒多好吧，寫E-mail問井上，他說工藤真實的狀況沒有二〇〇九年那麼好，不過如果我跟她說沒有準備藥檢，那她會很難過，也對，如此對一位世界級選手來說未免太殘酷，於是我們還是咬牙準備藥檢。

衆所愛慕的神奇女子

本來工藤真實破紀錄的隔年，也就是二〇一〇年時我們就要在跑道上噴她的名字，並將第一跑道命名為「工藤真實道」，不料，當時的校長有意見，只有請她上台獻花。去年代理校長覺得這點子很好，於是我們就開始準備舉行這個儀式，而且事先都故意不跟井上洩漏消息，想給她驚喜。策略果然奏效，工藤真實在接受如此崇高的敬意之後，即使比賽中沒有競爭，她還是依然保持高配速，整天的風雨，許多高手都耐不住退出了，她仍然還是堅持下去，只是必須使用更多的力氣來對抗大自然的挑戰。清晨六點，離比賽結束還有三小時，井上表示破紀錄的機會百分之五十；七點，破紀錄機會提升到七成，但是我看到她真的累了，而且從沒看過她居然累到跑到第二跑道去了，「每一圈多六公尺耶！」我心裡在喊，「小姐，清醒一點！」站在跑道旁看到她經過時出聲跟她加油，她疲憊得無法回應。盼著，盼著，終於在最後五分鐘，工藤真實又再度刷新她自己保持的世界紀錄！

長相清秀，身材略微瘦削，總是笑咪咪地回應加油群眾，工藤真實很快地擄獲所有觀眾與跑者的心，當大家知道她條件這麼好，居然還待字閨中，都很好奇。有人問了日本隊員這個問題，為什麼日本男跑者不去追她？原來在日本男跑者心目當中，工藤真實是一位女神，一位地位崇高，大家只有仰望愛慕而不敢親近褻玩的女士。私底下，她客氣但是拘謹，囿於語言能力，我們無法多深交，但是在我眼中，她不僅是位女神，還是一位很會創造奇蹟的神奇女性！

天才超馬之王柯羅斯

郭豐州

一九八二年十月英國駐希臘的一位空軍中校佛登跟其他兩位同僚，開始了一趟傳奇之旅。原來愛跑步又喜愛希臘古歷史的佛登看到古籍上說當年（西元前一四九〇年）波斯軍隊來襲，一位傳令兵費斐迪匹德斯奉命從雅典跑到斯巴達求援，古籍上說他清晨出發，次日的傍晚抵達，推算大約三十六小時，這三位都叫約翰的英國人就打算用跑步方式實際求證這段歷史。佛登中校真的剛好花了三十六小時跑到斯巴達市獅子王銅像前，新聞傳出，翌日他們回到雅典受到英雄式的歡迎。同時雅典市決定從隔年起開始舉辦還原這段馬拉松歷史的「斯巴達松」。

斯巴達市長也答應在終點等候歡迎參賽選手，推算比賽時間，傍晚到現場即可，不料，開賽的隔天清晨，大會人員急忙來通知還在睡夢中的市長，說已經有一位年輕人即將跑回終點，市長急忙起床趕到會場一看，居然是一位名不見經傳的希臘年輕人首先跑進終點，他只花了二十一小時五十三分鐘就完成兩百四十五公里的賽程。

實在太快了，九月下旬，希臘天氣都熱到三十幾度，沿途很少有樹蔭，晚上還得摸黑經過一段山坡陡路，他居然以平均每小時十一公里的速度跑完。希臘人在歡欣慶祝之餘，不免狐疑這位姓為柯羅斯，名字為雅尼斯（美男子之意，屬希臘男子的「菜市場名字」）的年輕人是不是在中途偷坐車了？隔年，柯羅斯又來報名，主辦單位於是派了裁判騎摩托車從頭跟著他，不料，不跟則已，有裁判跟著他，他反而跑得更快，以二十小時二十五分跑完全程，該成績成為賽會最佳紀錄，保持至今，仍沒有人可以破該紀錄。

從上帝那兒偷一小時

這位天才的希臘年輕人從此聲名大噪，跑遍全世界各地，創下一個又一個的世界紀錄，金氏紀錄簿上寫上一筆又一筆的傳奇。即便近二十年超馬開始蓬勃發展，跑超馬的人數大量成長，他的部分紀錄仍然很難改寫，尤其是一九九七年創下的二十四小時303.506K的世界紀錄，被喻為「跟上帝偷來的紀錄」，因為世界次佳成績都差他十餘公里，大約是一小時的里程，人家都跑二十四小時，只有他一個人從上帝那兒多偷了一小時，跑了二十五小時。

二〇〇二年我邀請他來東吳參賽，賽前一天日本領隊井上問他如何看待明天的比賽，他只回答：「我從不以玩樂的心態參賽。」（I have never run for fun!）果然他一上場，脫掉上衣，絲毫沒有猶豫地往前衝，我還想觀察他的戰術，數小時後得到的結論是他根本沒有戰術，他唯一的比賽方式就是勇敢地往前衝，以每小時十五公里的高速前進。一般跑者一定在開賽之初有所保留，他沒有，始終堅定地以全速前進，二十四小時當中只有停下來換鞋子，休息三分鐘，其餘時間都是毫不保留地推進，把東吳賽道的紀錄推到兩百八十四公里，即使獲七次冠軍的關家良一最佳個人成績都少了他十一公里。

傳奇人物很難搞？

天才人物總是爭議多，我從開始邀請他就遇到棘手的狀況，他一開口就要求一萬美金的高額出場費，學校比賽預算總數才五十萬，他拿了三十萬，我們怎麼辦得下去？於是展開一段拉踞殺價的過程，最後殺到三千美金，我看他都要翻臉了，可是扣掉他和助手兩人機票費用，我手上只有一千美金，只好跟日本隊的井上教練求援，他說他出兩千，於是柯羅斯才能成行。來了之後，他常常很大牌地要求配合他，主觀地指責大會措施，賽後到劍潭青年活動中心跟他結帳時還要求我付他的計程車資，讓我覺得頭痛無比，從此只跟他在網路上來往，不再邀請他來參賽了。

二〇〇九年希臘七天賽德國選手須偉克前三天都不休息，打破柯羅斯的紀錄，我在網路上即時發佈這一喜訊，不料，柯羅斯立即遠從旅居的澳洲打電話到現場抗議，一下子說紀錄不準確，一下子說比賽有問題，在現場的希臘觀眾也分成兩派，支持與反對都有，我才了解原來這位希臘長跑英雄在希臘國內也是毀譽參半，希臘好友跟我說他頭腦有問題，原來天才人物爭議總是大的。他成名之後，態度很高高在上，跟在台北一樣，主觀地批評，因而評價很不一。高峰期跟他同一年代，當時分別是男女世界紀錄保持者的匈牙利博潔思也說這個人很矛盾，有時候他說的話很有哲理，有的時候表現得又很糟。有一次柯羅斯居然跟我說他認為博潔思的世界紀錄不乾淨，應該是吃禁藥的結果，要命的是我在處理郵件時，居然不小

郭豐州提供

心把這信件也CC給博潔思，害得她難過了很久，好像被好朋友背叛了。不過，個性很好的博潔思後來還是原諒了他，兩人還是持續做朋友。

本來在希臘當木匠的柯羅斯，移居澳洲之後，無師自通地當起音樂工作者，這個多才多藝的天才跑者，一如他的多重身分，多面且矛盾的表現在超馬界總是掀起話題。近年他的傳奇事跡已經漸漸減少，但是以年齡分組的角度看他的成績仍然驚人。不過，跟上帝偷來的時間也要還，老兵不死，只是逐漸褪去而已。

樂觀面對命運的邱淑容

郭豐州

時間回到二〇〇八年三月，我組了團前去希臘參加雅典超馬嘉年華賽，淑容從高雄搭機到桃園機場，直接跟我們大隊在機場裡面的登機門會合，我一眼看到她就脫口而出：「淑容！妳怎麼變這麼瘦?!」本來就細瘦的她，這陣子練得太多了，連臉頰都凹陷下去了。歷年的經驗發現女性耐力驚人，越長的距離越明顯，亞洲一千英里的紀錄保持者沖山裕子只以十四天二十小時五十四分就跑完（二〇一〇年），比男性的紀錄還快。有人說女性都能忍受生小孩的痛苦了，當然比男性還能忍受長距離跑步帶來的不舒服。不過，女性跑長距離也有一些先天的問題。

人體運動時是肌肉收縮產生動能，而肌肉收縮需要消耗氧氣，我們需要的氧氣由血液中的紅血球帶到有需求的器官，而血色素數值越高，帶來的氧越多，對運動越有利。肯亞長跑運動成績輝煌，推究原因發現他們平日在高原，身體本能地會分泌更多的紅血球生長激素，下到一般平地比賽時，血液中的血色素可以高達二十，比平常人的十二至十五高許多，於是大家開始把選手往高地（海拔一千八百公尺以上）送，進行「高地訓練」，希望獲得好成績。還有一些人走捷徑，直接注射紅血球生長激素（ＥＰＯ），希望不去高地訓練也能增加血色素，於是藥檢又要增加ＥＰＯ檢驗項目。長距離運動會讓血色素數值下降，尚未經實驗證明的推測是男性賀爾蒙有保護紅血球的功能，不讓紅血球細胞被破壞，這幾年發現跑步量過大導致血色素變低的情形都發生在女性身上。那年七天賽淑容跑到第三天就說她跑不動了，連走路都會喘。周醫師檢查她的血液，赫然發現她的血色素降到九，我們趕忙跑出去找超市買雞肉與牛肉回來煮給她吃，連吃幾天，總算上升到可以運動的狀態，不過回台灣之後她還是需要吃鐵劑數個月，數值才回穩。

不夠戲劇化的命運？

淑容太拚了，回台灣幾個月，八月又和先生一道去法國參加環法賽，身體的免疫力降低了，無法抵擋傷口細菌的感染，截肢消息傳來，我立即找高醫師討論，可惜我們不在現場，許多數據無法得知，不過我們認為法國急診醫師第一對超馬運動沒有認識，第二對我們台灣人從小吃抗生素長大的現象可能不了解。對急診室的醫生來說，看到所有剛跑完超馬的選手的生理數據，都會覺得這些人應該馬上急救了，因為這些數據比大多數在急診室的病人還糟，但是他們不知道，有歷練的超馬選手有本事在一晚上的休息之後恢復到正常水準。不過自此之後，我們都在想是不是有機會建立台灣超馬跑者的基本生理資料庫，跑者出國比賽如果發生意外，就能夠即時提供本來的身體生理數據供現場醫師參考，高醫師還可以把超馬選手的治療經驗傳授給現場醫師。我們沒有經費，只能在每回做醫學實驗研究時，一部分一部分地蒐集跑者生理數據，並不夠全面。

故事似乎從淑容出事後才開始，歐洲超馬界立即發出多封慰問信函，不認識的跑者也請人轉信過來安慰，德國超馬Bulliq夫婦特地在德國辦了一場慈善比賽，把報名費和捐款送來。東吳超馬賽也舉行慈善義跑幫淑容籌一筆復健費用。更有一位紀錄片導演章大中打電話來，說他母親也在國外發生意外住院，他可以感受家屬的苦痛，因此想拍淑容的紀錄片，淑容同意後開始了長達兩年的拍攝工作。

二〇一一年十一月邱淑容的紀錄片在高雄上映，我受邀南下參加首映會。看完之後，和淑容全家、導演等人一起吃飯談紀錄片，一致的結論是她的紀錄片很難拍。

紀錄片劇中人物是真實的，卻是沒有劇本的，導演不能左右劇中人物的發展，只能在旁邊記錄，剪輯成一部「有意義」的影片。它必須是有故事性的，能表達出故事背後深層意義的，同時現代紀錄片又必須到院線電影去放映，所以不再像以前的紀錄片那麼沉重，相當程度上是必須討好觀眾的。

章導演這一跟拍兩年（術語稱蹲點），導演一開始也說不知道結局如何，所以他很有危機感，故事的發展既然他不能左右，只好等事情發生。這兩年，淑容先裝義肢、復健、半年後回中鋼上班，開始學騎三輪車，後來恢復到以前的平日，每天一大早到澄清湖跟中鋼同事運動，之後上班，下班在家邊看電視邊踩腳踏車運動。日子平淡到紀錄片拍不下去……

另類的紀錄片

後來淑容受邀前去出席運動賽會機會多了，路跑賽常去鳴槍，受邀演講場次也多了，從「受害」角色變成「鼓勵他人」角色，故事有了，但是很「老套」。人們對這一類的紀錄片都有一個刻板印象：主角人物都先來一段「受盡風霜」的情節，然後在某一個契機下，幡然立志，再經過一番「寒風砭骨」之後，蛻變成一號人物。然而，淑容家的例子很難套進這模式，首先是全家人都樂觀知命，從沒有全家抱著痛哭的場景，即使連淑容自己也沒有哭幾次，所以受盡風霜的場景很難找，我相信是這股樂觀的氛圍讓他們很快地再站起來的。

餐會上我開玩笑說，片子放映途中我數次掏手帕，可不是拿來擦眼淚，而是擦汗。我說看到淑容先生盧兄在片中無怨無悔地照顧陪伴淑容，讓我冷汗直流。盧兄從出事後竟日陪伴淑容度過一次又一次的手術，穩定之後，又每天送她去復健，淑容每天像上班一樣，一天八小時在復健中心練習走路，運動員的毅力讓她進步很快，半年後就回到職場上班。盧兄又開始每天清晨陪淑容到澄清湖，淑容現在不跑步改騎手動三輪車運動，之後回家梳洗，自己穿好公司制服，送淑容去搭中鋼的交通車，然後再自己上班。片中的盧兄總是淡淡的，沒有哀傷，沒有多少表情，跟私底下一樣，有人會說是夫妻的愛使得盧兄如此，但是我還看到更高的層次，那是人與人之間的「義」，是超乎夫妻關係的。

本來要求章導演拿片子來學校放映，不過他說這次上映只是應付贊助的公家單位截稿時間而已，真正的片子要隔年十月才上映，我知道其實他們拍攝很多場景，但是這回剪進去的只有一半而已。看來要看完整的紀錄片要有點耐心了，我倒是很好奇導演怎麼處理，讓它變成一部既有故事性，觀眾又喜歡看的紀錄片。

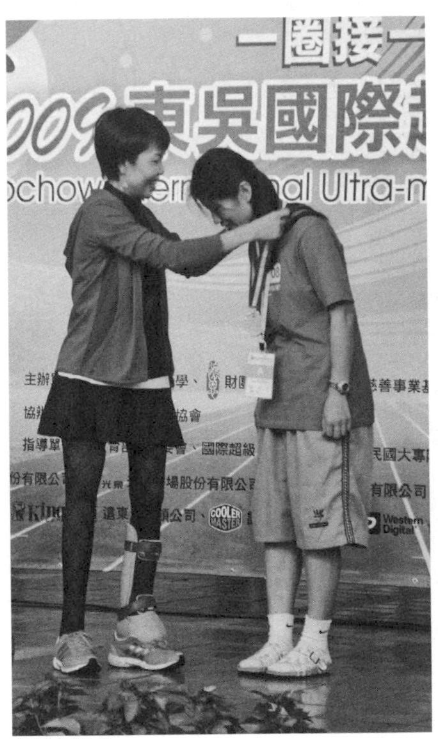

攝影/飛小魚

攝影/飛小魚

〈後記〉挑戰自己，你也可以創造出不可能中的可能

人生的面貌有很多種。
可以斑斕燦爛，也可以黯淡無光。
可以生氣蓬勃，也可以晦暗消沉。
可以充滿陽光，也可以烏雲密佈。
可以積極樂觀，也可以怨聲載道。
有時，就只是一線之間而已。
轉個彎，會發現原來窗外還有藍天。
張開雙手，盡情伸展，給自己一個五彩繽紛的人生！

從來沒想過，轉個彎之後，去年下半年起，迎接我的是跑步人生。整個生活型態，做的事情，接觸的人，想去實現的夢，讓我很開心很快樂的事，統統都跟跑步運動脫離不了關係。更開心的是，那個遺失很久的馬拉松小魚終於回來了。五月份，我如願以償跟出版社簽了一份合約，是在心裡醞釀已久很想寫的跑步勵志書——是的，它不是運動書，在我心裡，

跑步不只是跑步而已，它其實是一樁可以淬鍊心志的事情，從跑步所衍生出來的人生故事，其實是很激勵人心的，會讓人由衷振奮起來。

書還沒有動工，天外又飛來一筆，我變成了廣播人，廣播節目「跑步吧！人生」搶先上演，所有對跑步的熱情，都在一個又一個跑者多彩而豐富、雋永而深刻的故事裡，被激發到最高點，真希望有更多人也可以跟我有一樣的感動與欣喜，心動了，腳也跟著動起來，讓自己的人生充滿驚奇。

我們總是說著，我不行，我不會，我做不到；但，都是還沒開始嘗試，就被一堆理由給羈絆住了，於是，我們永遠停留在原地踏步，永遠跨越不了那道無形的鴻溝，永遠突破不了現狀無法寫下生命中的感動。

星光馬前，我一度陷入巨大的恐懼中，生怕馬拉松小魚已經成為絕響，我的馬拉松魔法已經過了有效期限，消失不見了。建立，需要日積月累長期習慣的養成；破壞，只要在彈指之間，就足以摧毀，連輕鬆跑十公里的感覺都變得如此困難而遙遠，更遑論42.195公里的魔幻數字。我好怕，怕自己從此失去奔跑的記憶，以及奔跑的感覺。

鼓起好大的勇氣決定挑戰人生初馬那年，剛好村上春樹那本《關於跑步，我說的其實是……》的「類回憶錄」出版了，正值我在書寫樞機主教單國璽傳記《活出愛》之際，這本書在我的生命中掀起了比漣漪還大，比巨濤還小的波浪。我無可救藥迷戀上熱愛跑步的村上春樹，也是我想望的標竿，他希望自己的墓誌銘上能夠刻著：「作家（也是跑者）」；我不敢奢望自己會成為跟他一樣的暢銷作家，但至少，我想成為一個「馬拉松作家」，漫天漫地，跑遍且玩遍很多地方，書寫很多足以感動人心又好看的故事。

原以為從此我會有無比堅毅的「村上精神」，能夠在跑步與寫作之間悠然自得，心中舒暢快意，天地無限靜好。結果事與願違，我想應該是我跑得不夠多，才無法透過跑步建立起一個跑者該有的規律生活，連帶地，我的書寫也跟著散漫失序，找不到專注力——小說本本暢銷大賣，全球擁有廣大讀者的村上在書裡這樣寫著：「如果要問我，除了才能之外，對小說家來說什麼是重要的資源，我會毫不猶豫地說是專注力。把自己所擁有的有限才能，專注到必要的一點能力，如果沒有這個，什麼重要事情都無法達成。」

才華洋溢如村上，從年輕時期沒有休息奔跑到現在，很多寫小說的方法與靈感都是在清晨的跑步中學來的。成功絕非偶然，除了極少數的天才，其實是可以鍛鍊與激發的，我所崇拜的偶像已經把跑步跟寫作做了這麼好的連結與詮釋，連他成為一個偉大小說家的方法都不藏私公開，我還在蹉跎什麼？簡直白白糟蹋我這雙可以奔跑的腳，以及，還有那麼一點點可以書寫的能耐。

二〇一一年最後一天，我在即將通車的台中生活商圈四號高速道路上奔跑著。因為趕這本書，我的腳又被犧牲了，幾乎半個月沒跑，在練習量嚴重不足的情況下，東京明治神宮馬的陰影仍然揮之不去，可至少找回「跑步魂」，我沒有不戰而敗又當上逃兵，帶著一顆順其自然的平常心，上路了。

果然沒能逃過抽筋的荼毒，連帶前腳掌、膝蓋外側，無一處不痛。差不多十公里左右，抽筋就像毒瘤般開始在我的身體裡亂竄，這回不是過往的腳底與小腿，直接從可怕的大腿抽起，也許是賽前已經有心理準備，親眼在東京目睹我痛到在地上打滾的小蓮賽前給了我一些叮嚀，加上星光馬陪同我順利完賽，兩位經驗豐富的老馬大哥朱文庸與張國徽再次「披掛上陣」，為我攜帶很豐富可觀的補給品，一路上加油聲不斷，又有無微不至的呵護與關懷，當然還有我那無比堅毅的執著，在大腿小腿輪番上陣的可怕抽筋潮「凌遲」下，咬牙撐完42.195公里，在一堆人的簇擁下，比冠軍還要風光地奔回終點了。

要感謝的人好多，還要感謝老天爺賞了一個很適合跑馬的冷天氣，更要感謝那個堅持到底的我。

記得重返馬場時，有位我的忠實粉絲，也是百馬俱樂部的大哥問我：「身處於這個充滿虛幻掌聲的社會中，妳願意讓自己如此平凡，當個沒有掌聲的孤獨跑者嗎？」當下，我嘴角微微上揚，心裡漾起一朵笑容。「我願意！」我在心裡大聲地回答，而且，一百個願意哪！

沒有誰與爭鋒的壓力，有的只是，跟自己的意志力、毅力、耐力、執著對抗，堅持到最後的人，就可以拿下屬於自己的金牌。

於是，二〇一一年的兩場馬拉松，我從昔日那個一度讓人眼睛為之小亮一下，跑得還可以、看起來似乎資質不錯的女生，變成與時間搏鬥，跟雙腳抗衡，和與意志力拔河，完全沒有速度的後段班跑者。

終於把自己從世人的眼光中給釋放了。跑步本來就是一件很孤獨的事，跑得快的人接受眾人的歡呼與崇拜，理所當然，連我都佩服得五體投地；但是，跑不快、卻仍堅持到最後一分鐘的人，我更想為他的毅力與精神，給更多的掌聲。

世人總是喜歡錦上添花。在職場上賣命打拚那麼多年的我，看到很多金字塔頂端的世界之後，漸漸地，淡然了，豁達了，所謂的價值觀有時候不需要來自外界的掌聲，你自己心裡頭如果能夠澄澈清明，了然於心，外界的繁華繽紛、璀璨絢爛，其實都是不關風與月。

跑不快又有何妨？可是跑完後的我快樂得不得了。

把跑步時的我內心那股強大而安定的力量，延伸到生活中來，如何？管它人云亦云，世人的眼光，人們的耳語，我心裡自有一把衡量的尺，知道我在做什麼，我要想什麼。通過這兩場馬拉松考驗之後，在我顛簸不順遂的逐夢人生裡，應該可以更堅定地走下去，更貼近「馬拉松作家」這個奇妙的稱呼——其實我想說的是，我的作家夢應該可以更豐碩而飽滿，寬廣而扎實。

大年初一早上，我在強勁的逆風中不帶一絲痛苦，心情愉悅奔跑四十八點六公里，把龍年拜年馬給「打包」回家了。接下來又在烈日燒灼的南台灣，完成高雄馬拉松。

隔不到一週，二月十一日那天，我從早上八點到晚上八點，在台北新生花博公園夢想館「繞圈圈」，依然用著小魚特有的節奏，不急不徐，心情愉悅帶著微笑，沒有痛苦也沒有撞牆，快樂完成人生第一場十二小時賽，意外獲得「101台北國際超馬嘉年華賽」女子組第三名的漂亮獎盃。那隻在花東縱谷奔跑、有著燦爛笑容的烏龜小魚，真的回來了。

二〇一二年才剛開始，我那曾經遺失的馬拉松人生似乎有發燒的跡象！

只要買雙鞋子就可以跑了，任何時間，任何地點，都是你的跑道，再也沒有比跑步更簡單的運動，雙腳在跑著，思緒在飛揚著，在跑的過程中，寫下自己的人生風景。

來奔跑吧！

身體可以迎著風，承載著「痛並快樂」的感覺。

哪怕時間是一條漫長的河流，

但最後穿越終點的那一刻，是多麼美妙的一件事！

國家圖書館出版品預行編目資料

奔跑──跑出人生風景 / 飛小魚（蘇怡任）・郭豐州 著；
-- 初版. -- 臺北市：平安, 2012.03
面；公分. --（平安叢書；第379種）(UPWARD；37)
ISBN 978-957-803-816-5（平裝）
1.運動健康 2.慢跑 3.文集

411.71207　　　　101002344

平安叢書第379種
UPWARD 37

奔跑
跑出人生風景

作　　者─飛小魚（蘇怡任）・郭豐州
發 行 人─平雲
出版發行─平安文化有限公司
台北市敦化北路120巷50號
電話◎02-27168888
郵撥帳號◎15261516號
皇冠出版社(香港)有限公司
香港上環文咸東街50號寶恒商業中心
23樓2301-3室
電話◎2529-1778　傳真◎2527-0904
責任主編─龔橞甄
責任編輯─金文蕙
美術設計─王瓊瑤・程郁婷
著作完成日期─2012年1月
初版一刷日期─2012年3月

法律顧問─王惠光律師

讀者服務傳真專線◎02-27150507
電腦編號◎425037
ISBN◎978-957-803-816-5
Printed in Taiwan
本書定價◎新台幣280元/港幣93元

抽獎回函卡

《奔跑——跑出人生風景》讀者獨享好禮！買書就有機會抽中價值4,280元的亞瑟士高緩衝系列NIMBUS慢跑鞋！

即日起到2012年5月11日止（以郵戳為憑），只要填妥您的個人資料，並將本回函卡寄回本公司（免貼郵票），即有機會獲得亞瑟士高緩衝系列NIMBUS慢跑鞋，中獎名額共十名，機會有限！

本公司將於2012年5月18日舉行公開抽獎，中獎名單將公布在皇冠官方部落格【小王子的編輯夢】，並以專函通知中獎人。

●皇冠官方部落格【小王子的編輯夢】：crownbook.pixnet.net/blog

●贈品隨機送出，不挑色。將有專人聯繫得獎人，確認運動鞋尺寸後立即寄送。

贈品以實物為準

本人同意皇冠文化集團得使用以下本人之個人資料建立該公司之讀者資料庫，以便寄送新書或活動相關資訊。

我的基本資料

姓名：______________________

出生：________ 年 ________ 月 ________ 日　性別：☐男 ☐女

職業：☐學生 ☐軍公教 ☐工 ☐商 ☐服務業

☐家管 ☐自由業 ☐其他 ______________________

地址：☐☐☐☐☐ ______________________

電話：（家）______________________（公司）______________________

手機：______________________

e-mail：______________________　鞋子尺寸：US　　號（　　cm）

您所填寫之個人資料，依個人資料保護法之規定，本公司將對您的個人資料予以保密，並採取必要之安全措以免資料外洩。本公司將使用您的個人資料建立讀者資料庫，做為寄送新書或活動相關資訊，以及與讀者連繫之用。您對於您的個人資料可隨時查詢、補充、更正，並得要求將您的個人資料刪除或停止使用。

我對《奔跑——跑出人生風景》的建議：

寄件人：

地址：□□□□□

北區郵政管理局登

記證北台字1648號

免 貼 郵 票

〔限國內讀者使用〕

10547

台北市敦化北路120巷50號

平安文化有限公司 收

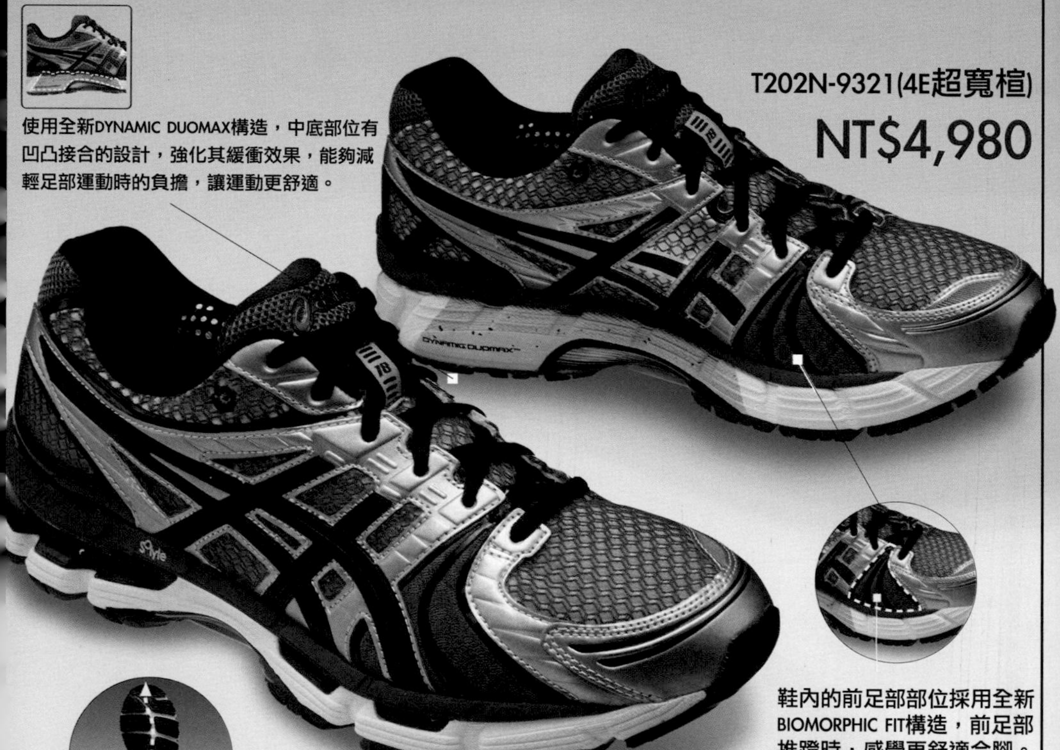

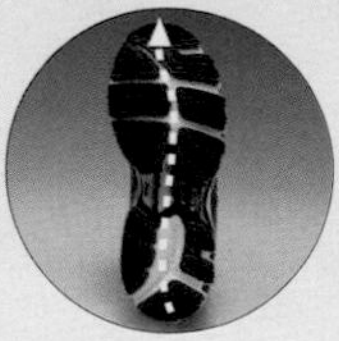